《教你炒股票》系列之八

决战翻番次新股

短线王国 著

地震出版社
Seismological Press

图书在版编目（CIP）数据

决战翻番次新股 / 短线王国著 . —北京：地震出版社，2015.5

（教你炒股票）

ISBN 978-7-5028-4593-3

Ⅰ . ①决⋯　Ⅱ . ①短⋯　Ⅲ . ①股票投资—基本知识　Ⅳ . ① F830.91

中国版本图书馆 CIP 数据核字（2015）第 058029 号

地震版　XM3464

决战翻番次新股

短线王国　著

责任编辑：朱　叶

责任校对：孔景宽

出版发行：地震出版社

北京市海淀区民族大学南路 9 号　　邮编：100081

发行部：68423031　68467993　　传真：88421706

门市部：68467991　　传真：68467991

总编室：68462709　68423029　　传真：68455221

证券图书事业部：68426052　68470332

http://www.dzpress.com.cn

E-mail：zqbj68426052@163.com

经销：全国各地新华书店

印刷：三河市嵩川印刷有限公司

版（印）次：2015 年 5 月第一版　2015 年 5 月第一次印刷

开本：710 × 1000　1/16

字数：167 千字

印张：12

书号：ISBN978-7-5028-4593-3/F（5286）

定价：28.00 元

前言

关于《决战翻番次新股》这本书

书稿是选自于班长的《走进翻番大本营决战次新股》课程。它是一套有针对性的系统性讲解课程，所谓针对性是针对次新股的翻番目标，所谓系统性是针对次新股翻番的一套完整的操作方法。从全面认识翻番次新股，到筛选有翻番潜力的次新股，再到买入方法、持股策略、卖出条件，书中运用大量实例，进行由浅入深的讲解，通过学习，会让你形成一套独立而完整的操作方法，做有针对性的操作，提高操作效率。

新茶还需空杯

因为本书是一套独立而完整的操作方法讲解，所以会从最简单、最基本的讲起。这时候，有些老股友可能会有点儿心浮气躁。作者的建议是，用空杯心态来看本书。只有暂时忘记你是谁，只有倒空杯子从零开始，只有不再眼高手低，你才有可能取得新的突破。否则你执着不放，如何打破？

这样学习会事半功倍

看书不仅仅只是看文字,应该跟着“动”起来,这个“动”从思想、逻辑到操作、练习，这样才能更好地吸收本书内容，不然看书就像看大戏，听时很热闹，过后一场空！那么，怎么动起来呢？就像上面说的，从现在开始，忘记你之前所学、所坚持的，不妨暂时让你自己的杯子空下来，完全按照作者说的去做，跟着作者讲的，去思考、感知、领会、复习、加深印象、延伸理解。当作者讲的你都知道了、学会了，就算给你 2000 多只股票你都不需要再问，因为你心里有答案，知道哪些股配都不配看，哪些股可做可不做，哪些股决不可放过。

当然，忘记你所学所能所会的只是暂时性的，等课程结束后，你也可以把新学的和之前的结合起来，好的用之留之，不好的去之忘之。相信新的开始会让你有不一样的收获，否则你满满的杯子里永远装不了新茶！

碎步儿慢走行千里

本书的内容是循序渐进的，是按照一定的步骤逐渐深入、提高的，既然购得本书是为学习，那就不妨暂时跟随作者的脚步，让作者带领你逐渐深入。如同本书目录：第一步是观察翻番特征，第二步才是怎样买入，第三步是如何持股，第四步是怎么卖出，最后一步是，你学会了一个从看到买、到持股、再到卖处的系统性操作流程。所以，切莫上来就希望看到买进就翻番，毕竟操作不是买进就完事的，你得知道为什么买，如何买，买了怎么拿，怎么卖，为什么卖。有句股谚叫“横有多长，竖有多高”的老话儿，你想长成一棵矗立的大树，你想建成一幢直入云霄的高楼，就必须一步一步扎根，碎步儿慢走行千里。

决战翻番次新股是一种态度

书中前几章讲到的 12 只案例股全部来自于创业板，而且股票代码是连号的，所谓连号就是如 300290，300291，300392……

为什么是连号？为什么只是创业板？连号说明翻番是普遍存在的，为什么普遍存在？说明资金对次新股的趋之若鹜，它们能得到炒作资金的追捧拉至翻番，到底这些股具备什么样的特质？这些问题，我们会一一讲解。对于为什么只是创业板，有两方面原因：一是我们主攻的是什么？就是走进翻番大本营、决战次新股。次新股有主板、中小板、创业板三大阵营之分，创业板代表着时代进步与科技创新。次新股相对于老股来说，压力小、套牢盘少，而创业板的次新股相对于主板、中小板来说盘子更轻、题材更多，更容易炒作拉升。所以，决战翻番次新股是一种态度，是一种懂得选择、赢在方向的智慧，而智慧、态度背后是阅尽繁华，面对市场种种诱惑后的认识。市场为师！看对了、做对了只是没有做错而已，在市场面前永远怀着虚怀若谷的心态。

目　录

第一章

观察翻番特征

- 明确学习的目的
- 认识翻番次新股的助跑与加速
- 发现之旅，遨游日 K 线

第一节　明确学习的目的

我们进入到《决战翻番次新股》的第一部分，第一部分是观察，观察什么？观察次新股，观察次新股的什么？观察次新股的翻番特征。那么，明确学习的目的就是我们第一节的内容。

当然了，我们按照这种逻辑问下去，势必要问为什么观察次新股的翻番特征？当你问到这时，这就是我们学习的目的，不然你学什么？又为什么而学？学来做什么？

提高学习效率最基本的要求是什么？就是你务必时刻清楚，你为什么学它，你学它是要学习什么。如此，明确了学习的目的，才能有效提高学习效率。否则，学习的重点便无从把握，也容易迷失学习的方向。

本节及下节的学习目的，就是带领同学们走进那些翻番的次新股中，去看它们翻番的特征，观察走势，了解它们是如何一步一步实现翻番的。这就像我们要猎杀狼，首先得知道狼长什么样，以及狼的习性是什么？这样我们才能进入到下一个阶段——猎杀它。如果你连狼长什么样都没有见过，更不了解狼的习性，就说要猎杀它是不是有点儿滑稽？

那么，我们接下来从观察狼开始，来看例股。

第一股：荣科科技 300290

图 1–1 是荣科科技的月 K 线图，我们先来看，看什么呢？

知其然更要知其所以然，这一直是班长对同学们的要求。班长不会给个所谓的“经验总结”，然后让同学们当“标准”、当“法宝”去执行运用。所以，当班长说先来看月 K 线，你要有“知其然知其所以然”的逻辑思维，要“知其所以然”的想为什么班长先看月 K 线？

这就是刚才班长说的，我们学习的目的要时刻牢记心间，我们是来猎杀狼的！但是，要怎样才能达成猎杀狼的目的呢？首先是认识狼、了

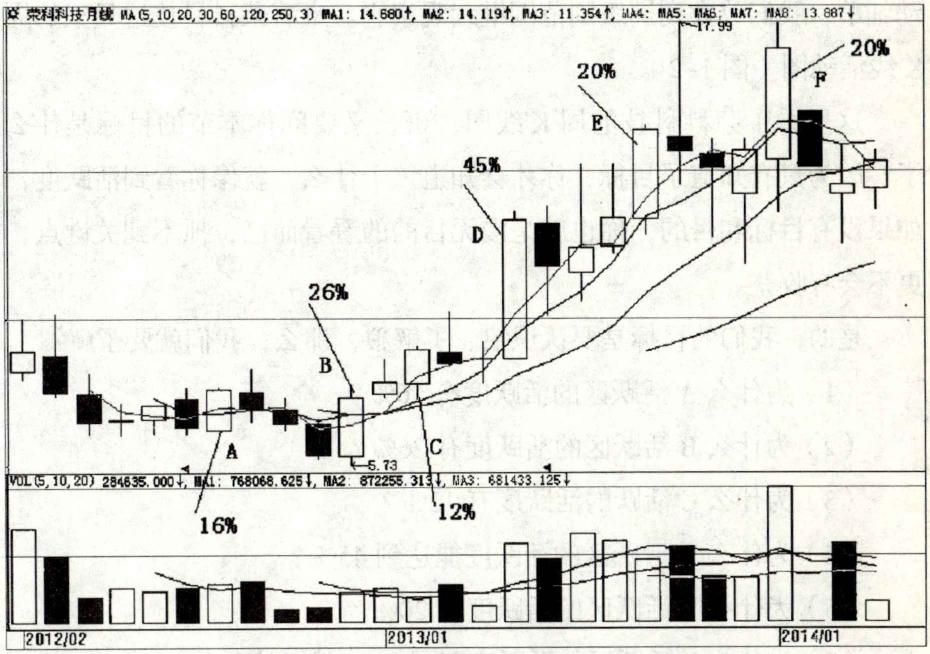

图 1–1　荣科科技 300290 月 K 线图

解狼的习性和大致活动范围；其次，才是针对狼的活动范围和习性，展开猎杀。所以，我们通过荣科科技的月 K 线走势图，来了解这只狼的习性是什么吧？

如图 1–1 荣科科技的月 K 线图所示，上涨代表狼出没了，涨幅代表狼出没的活跃度，当然下跌是熊出没。只是，你是来猎杀狼的，下跌的熊跟你有什么关系？你的目的不能忘，所以你要做的是什么？

是看狼出来时都干些什么，观察走向活跃的细节特征，为后面在狼出现时，你能抓住时机猎杀狼，而不是更多地关注熊出没。那些出来抓狼，结果跟熊混到一块的，究其原因就是目标不明确。所以，通过上面一堆赘述，你应该牢记心间的是什么？班长让你明白的就是我们看是看涨的，买也是买涨的，不看熊更不买熊，把有限的时间做到有用的研究上来。

通过荣科科技的月 K 线图，我们看到荣科科技这只狼的月活跃度达到 10% 以上的有 A、B、C、D、E、F 这 6 处。为了更清楚地观察活动细节，我们放大到周级别范围继续观察它。来看荣科科技这只狼的周K线活动图（图1–2）。

这里看了荣科科技的周K线图，班长又要问你本节的目标是什么了？因为只有知道了目标，你才会知道该干什么，就像你看到活跃度，如果没有目标和目的，你也就是漫无目的的看看而已，抓不到关键点，更不会有收获。

是的，我们的目标是要认识狼、了解狼，那么，我们就要了解：

（1）为什么A活跃区的活跃度有16%？

（2）为什么B活跃区的活跃度有26%？

（3）为什么C活跃的活跃度有12%？

（4）为什么D活跃区的活跃度能达到45%？

（5）为什么E活跃区的活跃度有20%？

（6）为什么F活跃区的活跃度到了20%就戛然而止？

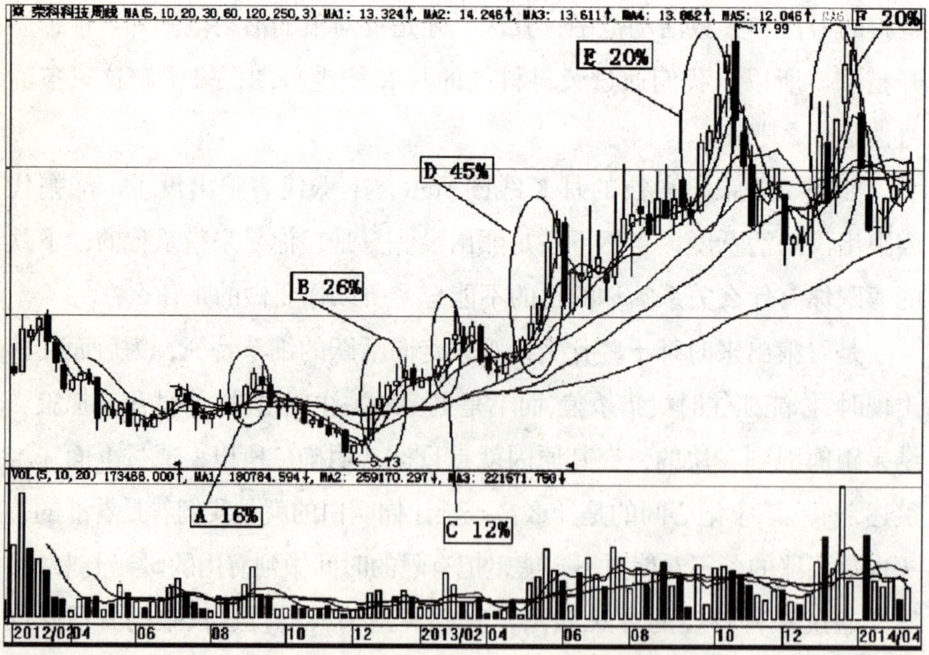

图1–2　荣科科技300290周K线图

各个活跃区之间有没有关联？

或许，读者要问，为什么要了解这些不同活跃区的活跃度？

我们了解狼的活跃度、活跃特征，就是看这只狼活跃度及肥瘦程度。我们了解了它什么时候出来，何时出来更肥、更容易猎杀，你该如何拿着你仅有的猎枪和有限的子弹，在哪里守着它，以确保一枪毙命猎杀到最肥的狼！

看完了荣科科技的月K线、周K线，接下来我们要到荣科科技的日线上说事了。如果你已经根据周K线上的活跃区，放大到日K线去查看A、B、C、D、E、F的活跃度。班长表示，读者如果能够这样主动延伸学习的思路，学习效果肯定要比班长讲到哪儿你想到哪儿更高。当然，没有主动延伸学习的意识，跟着班长讲的一步一步走也是可行的，随着步步深入，会让你养成一种看见现象抓本质、不断延伸求索的学习精神的。但是，千万别着急，着急什么？班长刚带你到日K线图观察狼的活跃度，你就着急的问班长怎么猎杀狼了。可是你都没有近距离观察狼、了解狼的活跃特征，就着急的想直奔下一步是不是不妥？

那么，就跟着班长的步伐一步一步来吧。

第二股：华录百纳 300291

还是看月K线（图1-3），或许有同学要问，班长为什么又给我们看月K线？莫非班长说的决战翻番次新股是长线持有捂着次新股？如果读者能记住班长在开头强调的学习的目的和目标，就不会有这样不是问题的问题了。

我们一起来看关键点，即我们从华录百纳这只狼的月K线级别上，观察它的大致活跃轨迹、活动区域及活跃度，这些在图1-1中已有标示。我们为什么要观察？观察哪些？观察了有什么用？或者说观察是为什么服务的？如果把班长在开头说的学习的目的和知其然不知其所以然给记住了，就能时刻清楚你在学什么，为了什么而学。我们带着这种意识来

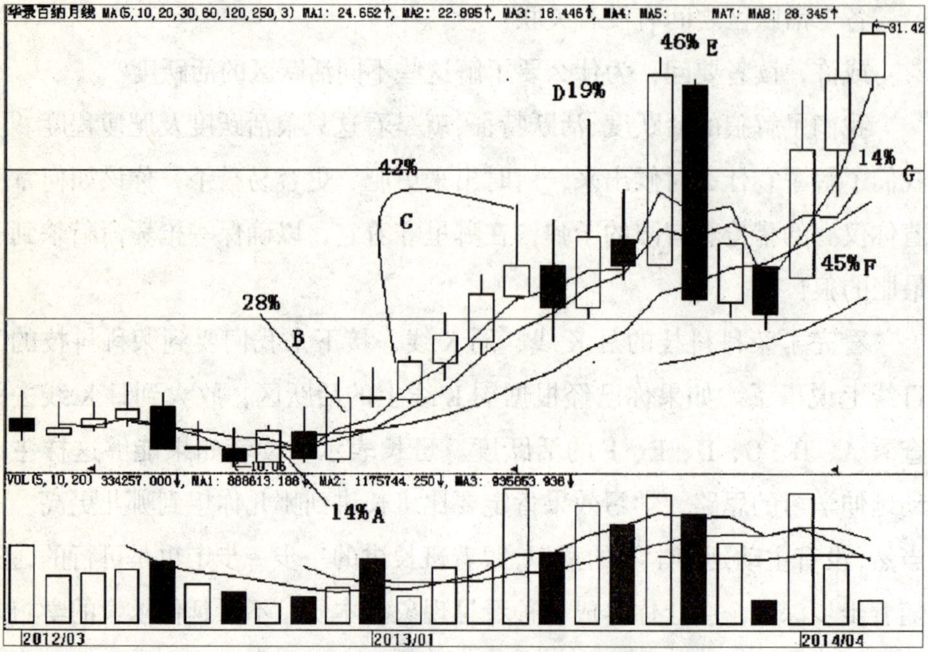

图 1-3 华录百纳 300291 月 K 线图

观察华录百纳月 K 线图：

（1）为什么 A 活跃区的活跃度只有 14%，而不是 28%，或者 42%？

（2）为什么 B 活跃区的活跃度有 28%？

（3）为什么 C 活跃区的活跃度能有 42%，而不是 14%，或者 28%？

（4）为什么 D 活跃区的活跃度只有 19%？

（5）为什么 E 活跃区的活跃度能有 46%？

（6）为什么 F 活跃区的活跃度到了 45%% 就戛然而止？

（7）为什么 G 活跃区的活跃度只有 14%？

你要试着回答这些问题，不要只是眼里看看，心中想想，要落实到实处，写到学习笔记上，无论是纸上，还是电脑 word 里，费不了多大工夫的。

当然，你要试着回答这些问题，需要更详细的了解，需要放大到周

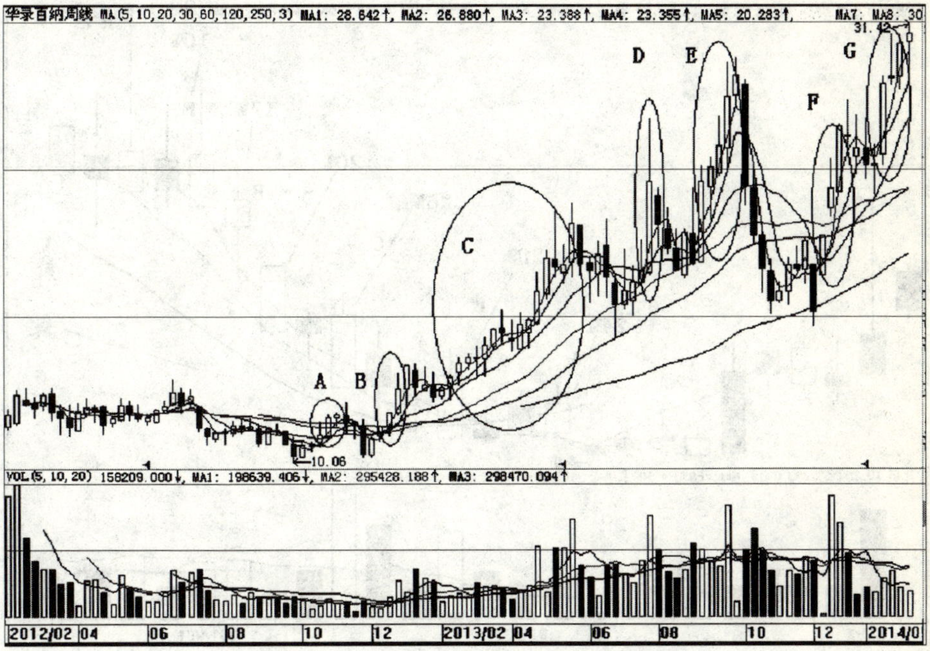

图 1-4 华录百纳 300291 周 K 线图

K 线图上（图 1-4）。

无论是荣科科技的 6 个问题，还是华录百纳的 7 个问题，别担心自己会回答错，也不用担心自己回答不全面，你只需要试着去回答。有些同学因为害怕自己回答的不全面或者答错而不去回答，就像有的同学不进行任何操练直接上战场、去交易，结果可想而知。试着回答不仅不会损失什么，反而会让你发现自己的问题所在，在发现问题中变得完美。即使是回答错了、回答的不全面，又不需要付出什么代价，而不去回答可能会面临什么样的代价？所以，别再给自己不答题找借口了，如果你真的想学习，真的想有所提高、有所突破的话。

第三股：吴通通讯 300292

面对吴通通讯的月 K 线图（图 1-5），你会不会模仿前面两只股，问出同样的 6 个小问题？相信这不是什么难事，你肯定可以会问出同样

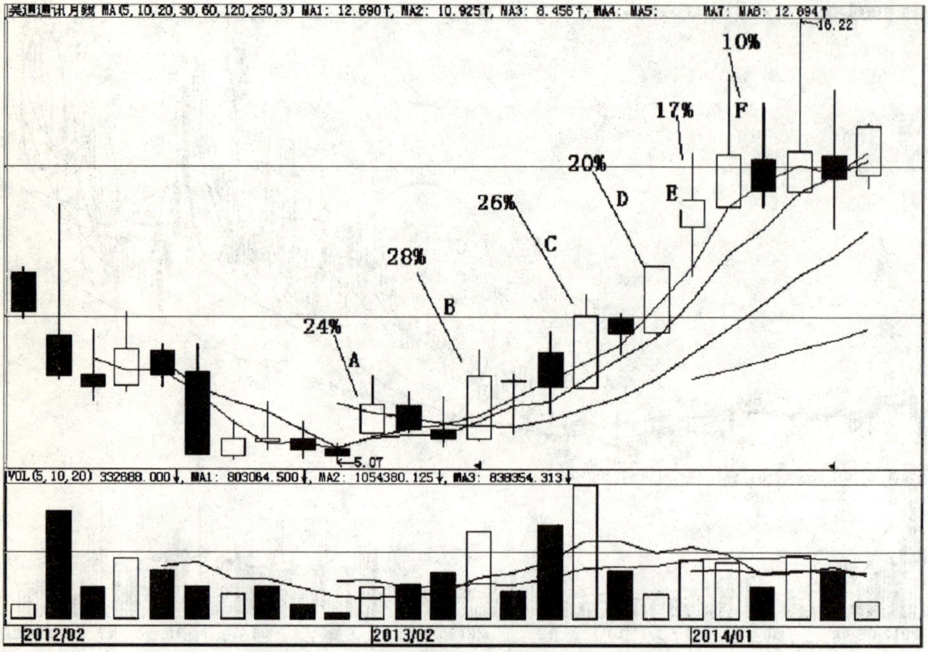

图 1–5　吴通通讯 300292 月 K 线图

的 6 个小问题，甚至还可以问出 7 个、8 个。那么你再试着回答，依然记录下来。

当然，你回答问题，仍然需要放大到周 K 线（图 1–6）、日 K 线去看。看到活跃区、活跃度，你应该有问出月 K 线上的几个问题的意识了。这里你能不能在周 K 线上找出它们对应月 K 线上的活跃区域和活跃度？别怕，也不复杂，只需要静下心来，不急不躁就能找出来月 K 线对应周 K 线的区域。

第四股：蓝英装备 300293

如图 1–7 蓝英装备的月 K 线图所示，活跃区和活跃度班长都已经标出来了，同学们需要做的和上面吴通通讯的一样，问出问题，然后去试着回答自己问出的问题，记录下来。

请找出蓝英装备周 K 线上对应月 K 线的活跃区和活跃度（图 1–8），

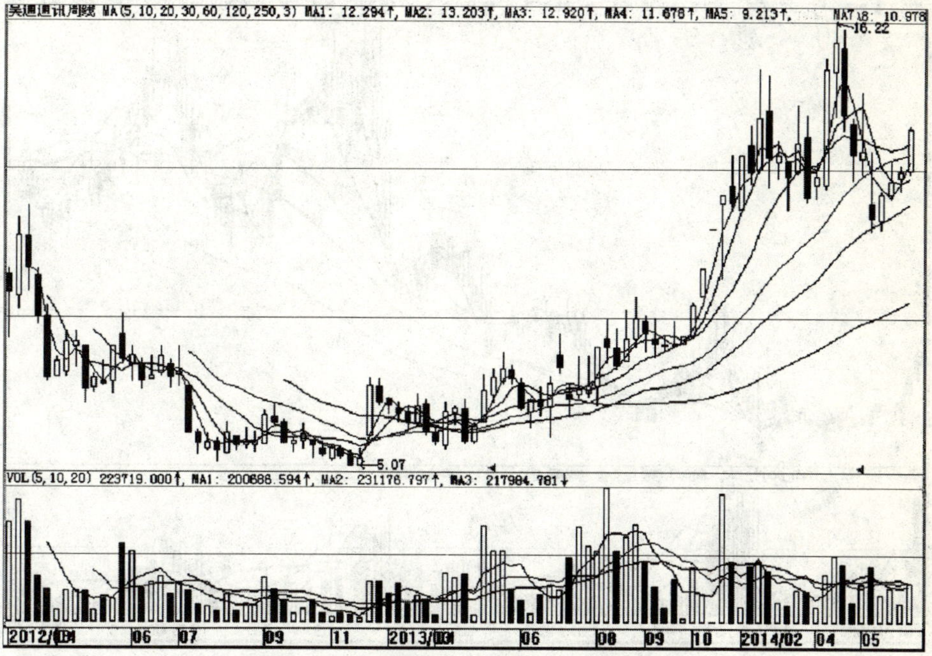

图 1–6　吴通通讯 300292 周 K 线图

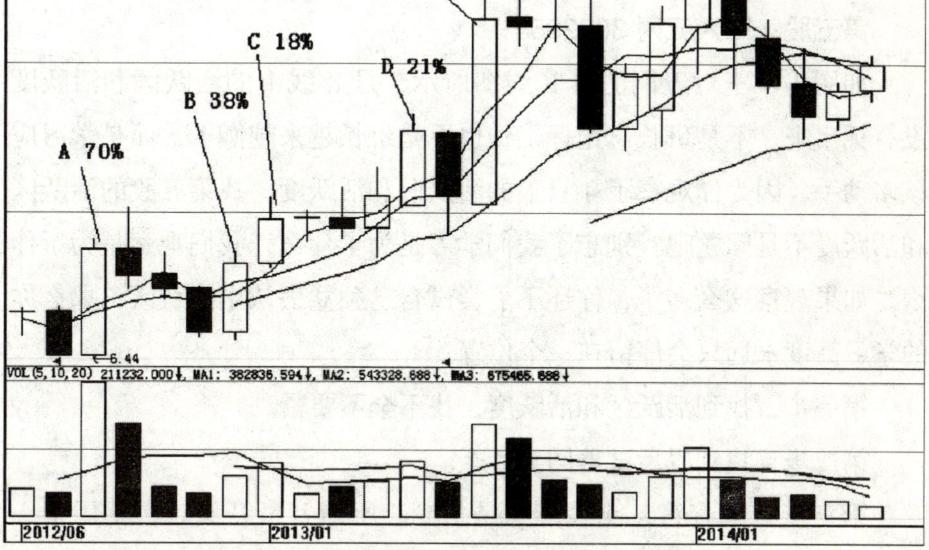

图 1–7　蓝英装备 300293 月 K 线图

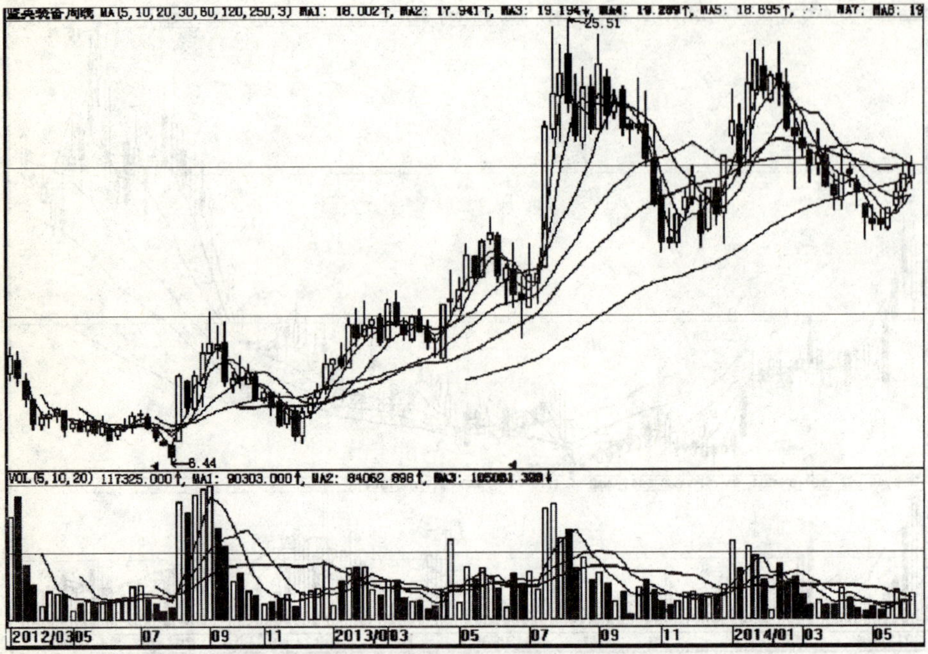

图 1–8　蓝英装备 300293 周 K 线图

通过找出活跃区和活跃度的这个过程，能让同学们养成一种有目的地看走势的意识。

第五股：三六五网 300295

如图 1–9 三六五网的月 K 线图所示，月 K 线上的活跃区和活跃度没有标出来，不是班长忘记标了；也不是班长越来越懒了，而是学习应该多动手。因为你观察了 4 只狼的活跃区和活跃度，找第五股的活跃区和活跃度不是问题吧？别忘了我们学习是为了什么，我们观察是为了什么，如果观察这么多了，你还不能尝试自己独立去认出活跃区，那么你的学习高度永远只会停留在一个位置。

第一步，找到活跃区和活跃度，找不全不要紧。

第二步，找到以后试着问为什么。

第三步，试着答，能答多少是多少。所谓万事开头难，不用担心迈出的一步是大、是小，也不用担心最终能走到哪里，关键是试着去迈

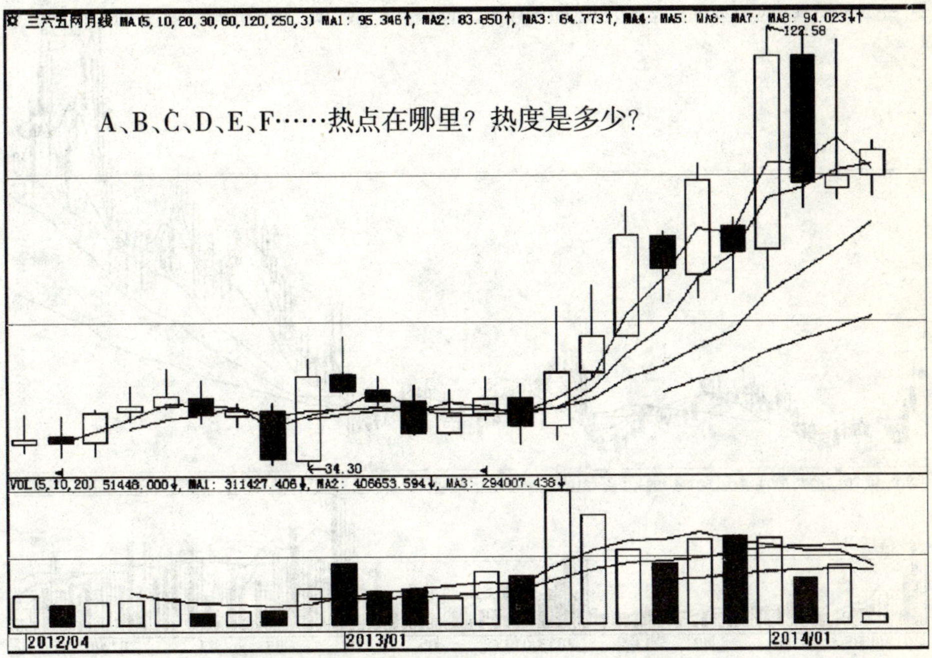

图 1-9 三六五网 300295 月 K 线图

出第一步，并试着多走两步，多延伸想一点儿，就是拓展出新的学习进步。

至于答不对，大可不必放在心上。但是要记录下来，这关系着你的进步是否显著。

既然要问、要答，就少不了放大去看。所以，三六五网的周 K 线少不了（图 1-10）。

同样，你还需要找出月 K 线上的活跃区和活跃度，周 K 线上对应月 K 线的活跃区和活跃度，你就不难标出。

第六股：利亚德 300296

性质和第五股三六五网一样，班长仍然需要你动起来，一点一点的养成好习惯：

（1）去自己找活跃区和活跃度。

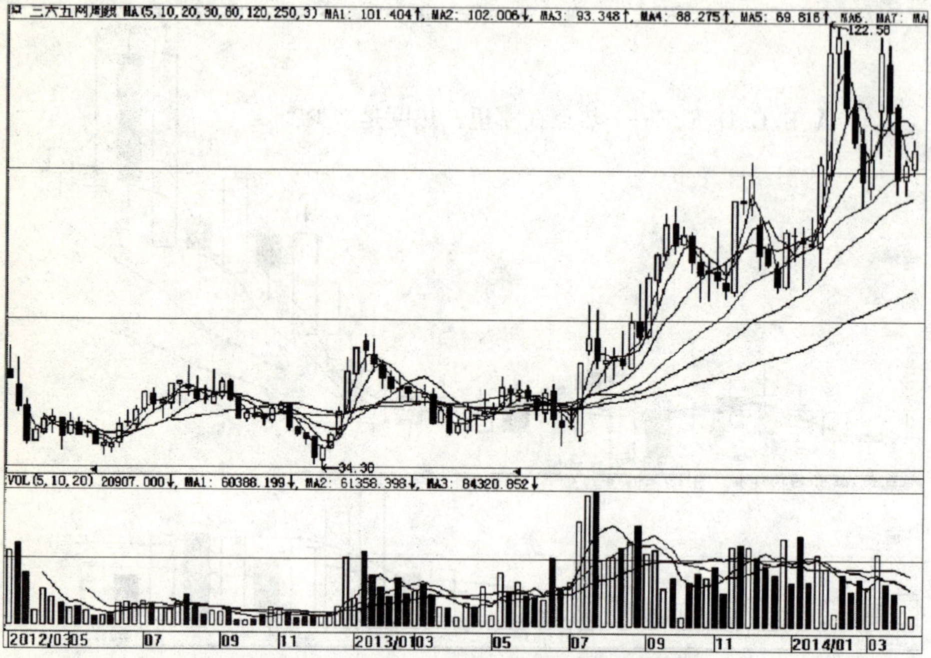

图 1-10　三六五网 300295 周 K 线图

（2）去六问。

（3）去六答。

（4）去周 K 线放大观察，标注出活跃区和活跃度。

看似给同学们留了很多问题，班长讲得很少，甚至有的同学看着这么多问题就头大。其实，这么多的问题，实质都是一个问题，只不过是重复罢了，而重复问题的目的只有一个，就是让同学们记住开篇所讲的，提高学习效率的最基本要求是什么？是你务必时刻清楚，你学它是学什么，否则不仅重点无从把握，更容易迷失方向，不知道看什么，不知道该看什么，即便看了也不知道有什么用。

我们第一节及接下来第二节的学习目的是，带领同学们走进那些翻番的股票中，去看它们翻番的特征，去了解它们是如何一步步走向翻番的。这就像我们要猎杀狼，首先我们得知道狼长什么样，以及狼的习性是什么，这样我们才能进入到下一个阶段——猎杀它。是不是？

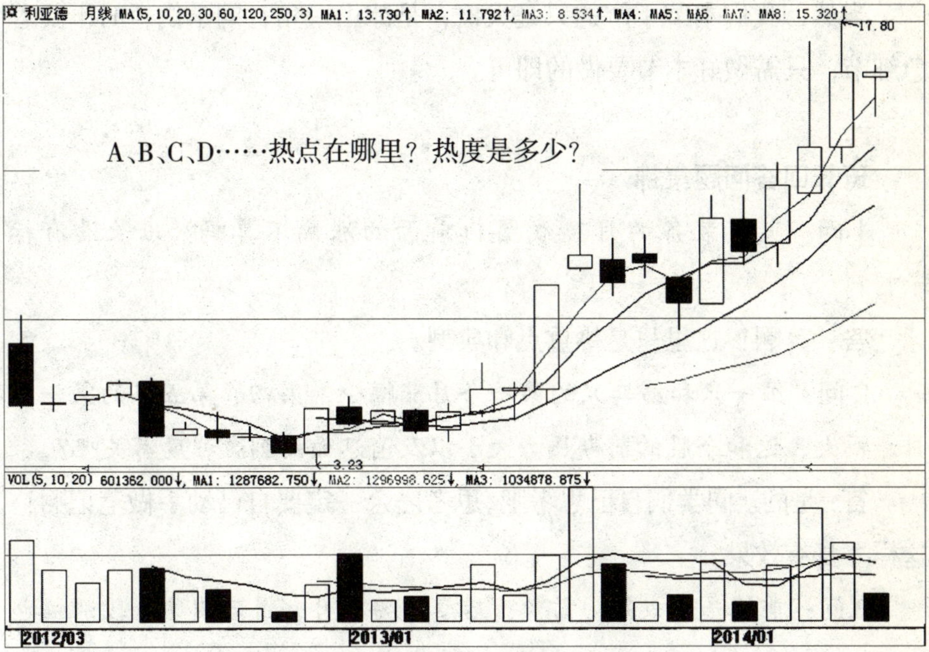

图 1-11 利亚德 300296 月 K 线图

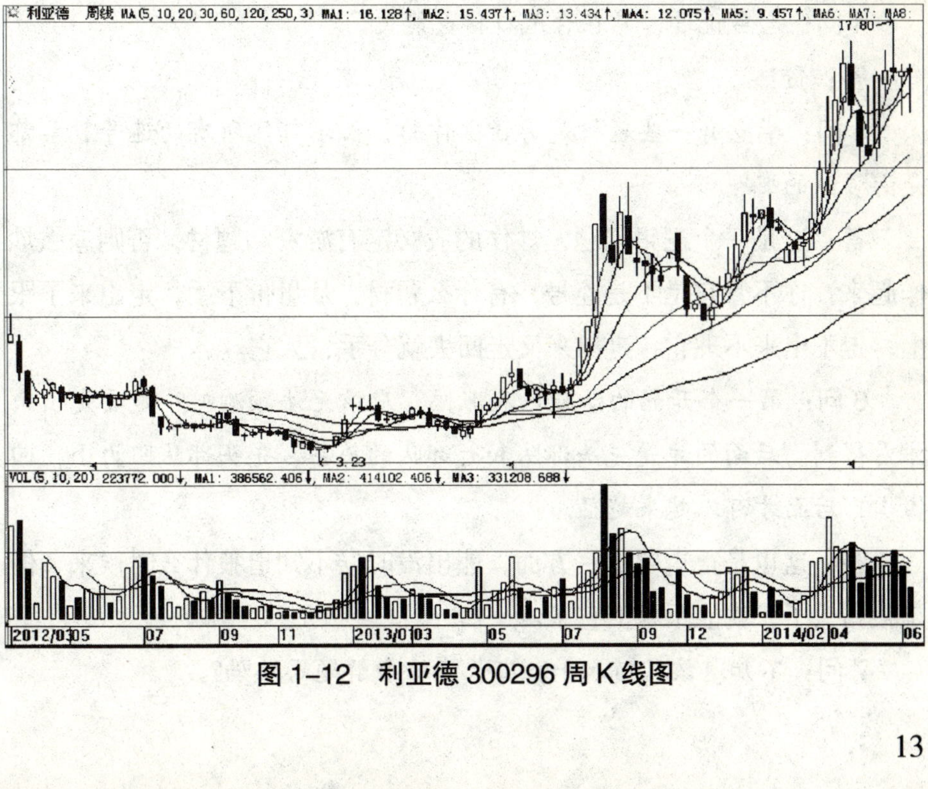

图 1-12 利亚德 300296 周 K 线图

当然，我们本节了解的只是大概，是冰山一角，同学们暂时不要着急细节，只需做好本节要做的即可。

班长回答问题集锦

1问：蓝英装备的月K线图D前面的涨幅不算吗？班长没有标示啊？

答：算啊！这里只是挑重点和典型。

2问：第一只和第二只的第一个月涨幅小，第四、第五只的第一个月涨幅大，这和个股的前期压力大小以及消息面的刺激程度有关吧？

答：是的。同学们自己思考吧，思考之余一定要自己动手做笔记啊！这样才真有效果。

3问：前缓是要吸筹、蓄势，后急是要拉升，最后出货阶段涨幅也小了；先头部队扫除了部分障碍，大部队挺进就顺畅了。

答：同学们说的不少都是一语中的。

4问：老雷说过，站在台风口猪也能飞。

答：赞！

5问：毕竟有一些题材是游资操作的，但不可能所有的连号股票都是游资做的吧？

答：这是一个逻辑问题，炒作的股必定有游资和题材，否则怎么炒作起来？你不管它是不是连号，有什么题材，从量价下手，走出来了跟上，走不出来不理它，走出来又走回去就分手，无它。

6问：第一个开始的活跃区和涨幅，应该无法预测吧？是要走出来才看得到。后面的才是先头部队和大部队的关系。先头部队阻力小，回撤少，后面才可以越来越猛。

答：这也是很重要的一方面，熊出没时候不知道狼什么时候来，但是狼露头了，就能跟踪上它了。

7问：不知道该从何入手，班长能给个解题思路吗？

答： 有人是从主力运作逻辑上回答的，但最好的就是走势，根据不同的活跃度，从量价走势上去观察活跃区以及进入活跃区前、活跃区后的量价特征。

8 问： 先头部队开路与大部队挺进的关系。

答： 是的。涨幅是呈什么趋势的？比如，荣科科技的涨幅越来越大，为什么？

9 问： 是不是说在周 K 线上找出月 K 线所对应的 K 线及它们的涨幅？周 K 线体现的更细致？

答： 当然，最细致的还是日 K 线啊！但是看的，周 K 线就好了，等讲到操作时再说日 K 线。

10 问： 月 K 线涨了 40%、50% 已经太活跃了，这时候怎么办？

答： 怎么办？当然是吃饱喝足散场。剩下的烂骨头、鸡肋谁想啃谁来啃。那么通过观察，在你意识里就应该知道，当某只股在某一段有这样涨幅时，你意识里应该知道离散场不远了。这就是问答带来的启示，也是让你自己动手问答的意义所在。

第二节 认识翻番次新股的助跑与加速

这节我们接着看看狼长什么样，观察狼的习性是什么。也许，有的同学会纳闷儿，班长让我们又看又观察又回答的，多费劲啊？直接给我们说一些次新股，或者告诉我们一些条件标准，然后告诉我们怎么操作不就行了？

显然，填鸭式教学的方法，班长是不会推崇的，填鸭式教学的弊端相信同学们也都很清楚。所以，别忘了班长在开篇里怎么说的，只有暂时忘记你是谁，只有你倒空杯子，从零开始，你才有可能取得新的突破，否则你执着不放，如何打破原来的你、成就新的你？读书学习是干嘛的不能忘，否则新茶无论如何注入不到你的杯子里。

这里班长再给同学们说说为何让你又看又观察又回答，有三点：

第一，我们第一章的学习目的，是带领同学们走进那些翻番的股票中，去看它们翻番的特征，去了解它们是如何一步步走向翻番的。因为我们猎人的目的是捕猎，我们要猎杀到最肥的狼，让同学们又看又观察，是让同学们知道狼长什么样，以及狼的习性是什么，这样我们才能进入到下一个阶段——如何猎杀它。是不是？所以，你需要又看又观察！如若不认识好狼，到时候用杀狼的方法用在熊身上，被熊抱住时就不好了。是不是？

第二，班长直接给同学们说几只次新股，然后告诉同学们如何操作，你就都能操作好吗？就算操作好了，以后难道还要一直靠班长或者其他人给你提供目标吗？相比依靠别人，靠你自己才是最稳妥的！

第三，也就是第一和第二的综合，你连狼都不认识，又谈何猎杀狼？你怎么知道你猎杀的是狼还是熊？同学们只有达到了认识狼的第一步，才能进入第二步猎杀操作狼。而达到第一步了，你才算是知其然知其所以然，你才算是明明白白的操作，你才能谁也不靠，靠你自己就已足够！

所以，班长这么煞费苦心，只是想让每一位同学，能真正地成就一个独一无二的自己！做一个明明白白的操作者，无它！希望同学们在往下继续看、继续学习时，无论觉得繁琐还是觉得浅显，都能真正的放下自己，从零开始跟着班长走完这十几节的旅程，切莫做“对表面问题不屑一顾，却少有发现问题根源”的浮夸一族。

下面，让我们先来解决上节留下的问题。

第一股：荣科科技 300290

我们通过图 1-13 看到，A、B、C、D、E、F 这 6 个活跃区，观察到 D 活跃区的活跃度最高最大。但是，A、B、C、D、E、F 这 6 个活跃区，每个活跃区之间有没有联系呢？也就是上一节班长留给同学们的6个小问题：

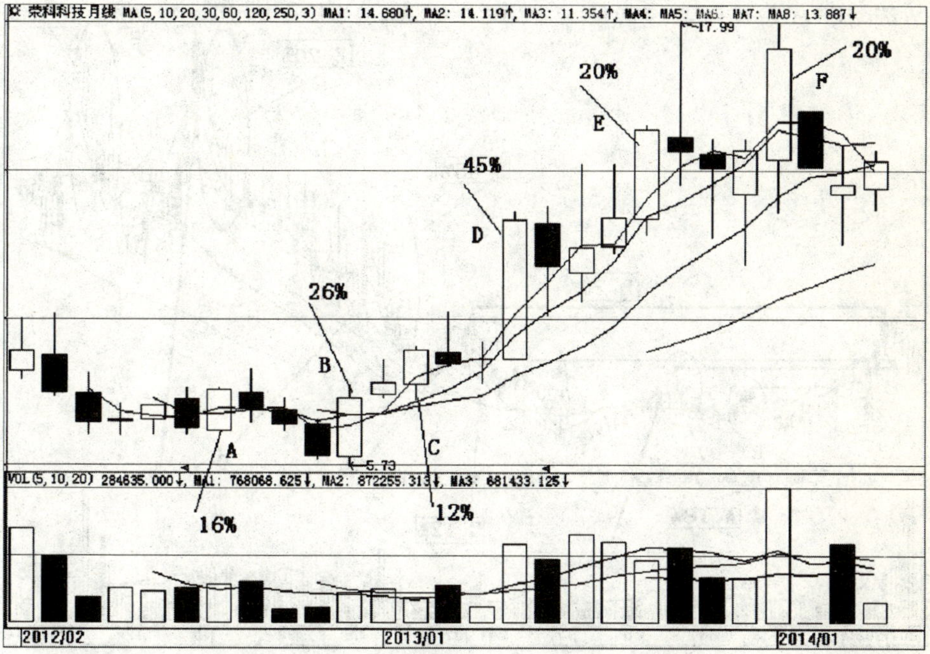

图 1–13　荣科科技 300290 月 K 线图

（1）为什么 A 活跃区的活跃度有 16%？

（2）为什么 B 活跃区的活跃度有 26%？

（3）为什么 C 活跃的活跃度有 12%？

（4）为什么 D 活跃区的活跃度能达到 45%？

（5）为什么 E 活跃区的活跃度有 20%？

（6）为什么 F 活跃区的活跃度到了 20% 就戛然而止？

在月 K 线上看或许不易发现，但放到周级别 K 线上似乎好一些。来看图 1–14 荣科科技的周 K 线，注意与第一节的周 K 线图相比添加了新要点。

我们看周 K 线图来逐一回答 6 个小问题。

第一，事实上，在 A 之前，就有过一波涨幅，即 L 区，只是幅度略小。为什么小？因为涨势终止了。为什么终止了？因为遇到了 M 压力区，M 压力区是之前的下跌中继，堆积有套牢盘压力，阻挡了 L 的上行。

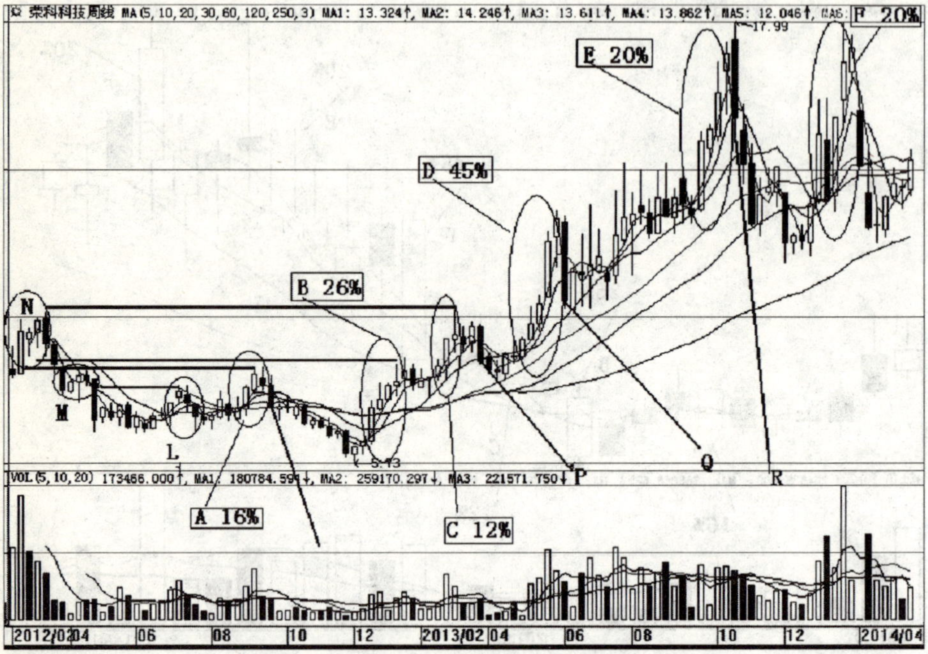

图 1–14　荣科科技 300290 周 K 线图

同样，通过观察不难发现，A 的涨幅之所以在 16% 终止，而不是 6% 或者 26% 的位置。为什么？

因为 A 突破了 M 压力区。当然，A 之所以不是 6%，是因为清算了 L 往前到 M 区之间下跌时留下的套牢旧账，所以能走到 M 压力区顶端，但之所有又不是 26%，是因为有 N 压力区的套牢旧账没有清算。

第二，为什么 B 活跃区有 26%，而不是 16% 或者 45%？

同上面的逻辑，之所以不是 16%，是因为在 A 点结算过一批套牢旧账，所以 B 更高点儿。

但之所以没有更高，是因为到了有旧账的 N 区，在 N 区结算了部分套牢旧账。

第三，回答 C 活跃区也是同样逻辑，之所以只有 12%，原因也很简单，依然遇到了 N 区，不同的是，它拉出新高结算清了 N 区套牢盘的旧账。

第四，D活跃区的活跃度为什么能达到45%？这一月的涨幅45%，面对这么活跃、这么肥的猎物，没有哪个猎人不想猎到、吃到。

是想掌握一种这样猎杀肥狼、决战翻番次新股的技能呢，还是仅仅想让班长或者谁给你说几只股，然后你没有自己的主张，不知所以然的操作赚点儿小钱呢？

想必同学们都是会选择前者的，只是同学们会想，如果在学习前者的时候，还能顺便来个烤全狼大吃一顿更好。放心，烤全狼会有的，但是狼只会摆到你面前而不会自己跳到你嘴里。所以，前提依然是当它来时，你是否学习了吃法，否则还是不会认识它，不知道如何咬上一口，只会在你眼前白白溜走。

那么，千万别在班长让你认识狼是什么样时，你问狼怎么吃；等到班长给同学们说烤全狼的吃法时，你却搞只熊在那儿按狼的吃法抱着熊，还说班长的吃狼方法有问题。这样的笑话千万别出现。讲这么多是希望同学们学习此法时能跟上班长的学习节奏，真正把学习本书的效率提高起来，其他不过多展开了。我们接着说为什么D区活跃度能达到45%。

为什么A只是16%而没有26%？你知道了；为什么B只有26%而没有45%？你知道了；为什么C只有12%而没有26%？你知道了；为什么D能有45%？你能顺着逻辑解答出来吗？

是的。D之所以能够扶摇直上、平步青云，是因为前面的A、B、C踏平了阻碍，因为没有了旧账，再也没有L、A活跃区遇到的旧账套牢M区，B、C活跃区遇到的旧账套牢N区。

当然，D区没有旧账套牢区了，为什么D区的活跃度没有更高？这里有获利、浮筹的问题。回到荣科科技的月K线看，D主升段后出现了震荡整理，为什么震荡整理？

这里做多力量不一，从B区到C区再到D区，涨幅接近一倍，有吃饱喝足想离场的，也有想趁机进来捞一把的，还有想再多赚点儿的，当然也有看到别人吃烤全狼想进来大吃一顿的，所以出现了离场和进场的大量交易换手。

只是，股票不会一直跌，总会有人拒绝下跌，直到绝大多数人拒绝下跌而不卖出；就像不会一直涨，总会从有人拒绝上涨，到绝大多数拒绝上涨而不再买进一样。

股价究竟在哪个位置戛然而止，谁也保证不了。所以，别期望班长或谁能告诉你D区就是45%而不可能是55%或者35%，更不可能确定的给你说综上所述是人心思涨，料定还有E区的上涨，你唯一需要做到的就是知道D区大涨是因为踏平阻碍，一马平川了，剩下的就是省点儿脑细胞，别去猜测会涨到哪里。

第五，为什么E活跃区的活跃度有20%？

D区之后出现了调整和震荡，随着收复调整和震荡整理，再度选择向上重新拉开了升势，至于为什么是20%，为什么是5.73元触底，17.99元见顶，你不需要浪费你的脑细胞。在一马平川的涨势里，你只需要让走势告诉你它能走到哪里，至于是多少幅度，让走势自己决定，你省点儿心、闭上眼、喝口茶、想象一下这只股的上涨是靠一匹马拉着，运作该股的资金就是那匹马，而你就是骑在马背上的人，炒股的乐趣不就是这吗?

当然，究竟怎么骑马，后面我们就该讲到了，只是在骑马之前你不应该了解什么马才能骑吗？如同吃狼之前你得认识狼，才能保证你猎杀到的是狼，而不是抱着熊说“这是我的狼”。

第六，为什么F区只有20%？

如果你不知道为什么只有20%，说明你还需要再理解一下班长讲的B区与M区、C区与N区。当然，这里的F区与R区高点17.99元和B区与M区、C区与N区还是有区别的，区别在于是看，还是身在其中了。所谓立场不同，那走势对你来说性质就不一样，这里先不展开，等到后面操作部分我们再展开详细论述。

至于E区是不是D区之后的强大惯性，以及F区是不是E区之后的强势反弹，这些不解决实际问题，也不能构成绝对依据，让别人说说就行了，我们要做的是要有依、有据的操作，浪费脑细胞的事情少做，多找点儿炒股的乐趣才是王道。

6个问题，说了这么多，最后你不能不知道这6点的关键点所在，那么我们需要试着来总结一下关键点。

第一，狼的活跃区、活跃度跟什么有关？

例如压力，压力包括均线压力，旧账套牢盘，获利盘等。那么，这些有关活跃区、活跃度的要点，我们应该有数了，以后在狼出没时是要观察的。

第二，狼之所以是狼，狼之所以有活跃区和活跃度，它一定是存在上涨中的。

所以呢，你别跑熊窝里还质问班长，说好的狼呢？说好的是在次新股的上涨里找狼，当狼还在熊窝里没有长成狼时你最好别去下手。

第三，对于周K线图中的P区、Q区、R区这样的下跌，是狼变熊，对于狼变熊的应对方法很简单，不需要预料，这里不展开，具体在后面操作中会讲到。

第四，对于狼何时出现，也不需要预料，只需要等待，等待的条件是不一样的，因为狼还分各种吃法，甚至还有的狼只可看不能吃。所以，需要根据情况条件区别对待，具体我们后面会讲到。

第五，旧账清算与活跃区、活跃度的关系。这种思路虽然在其他股上也通用，这也是班长的核心理念，在《短线王国——春夏秋冬四季战法》里也有体现。但是不同之处，就是核心的核心是次新股，所以最根本的必要条件不能丢了——次新股。一定是在次新股里决战，否则跟班长讲的无关，无论胜还是负。

在这里概括一下，对于狼的出现，不需要预测，只需要马后炮，即狼出现活跃区后去分析活跃度，观察各个区之间的关联因素有哪些。而最肥、最热的狼，莫过于突破压力跑在没有围墙、一马平川的原野上的那些，具体条件，我们随着内容的深入再慢慢展开。

第二股：华录百纳 300291

如图 1–15 华录百纳月 K 线图所示，A 区活跃区为什么活跃度只有 14%？因为遇到了有套牢旧账的 Q 区。

B 区活跃区为什么活跃度能有 28%？因为 A 结算过 Q 区的旧账。

回答完这两个问题后，带给我们延伸性的思考是什么，或者在思路上有什么样的启发？

第一，买股要买压力少的，虽然有压力不一定压得住，但是没压力的胜过有压力的，何乐而不为？如同上涨的继续上涨远比下跌的扭跌为涨要容易得多，为什么你老追熊？

第二，如果有清算旧账的“前科”，这样的标的突破起来更容易，否则还是先让它去清算旧账了你再跟它“好”吧。

C 区活跃区为什么活跃度能有 42%？

观察完了荣科科技，你知道为什么跑得一马平川，摆脱各种束缚、厮杀出一条血路出来的狼，为的就是尽情地奔跑和释放。

D 区、E 区、F 区、G 区就不讲了，原因有两个：一是在后面展开的操作部分中，这部分会详细讲到；二是我们目前这里的学习目的，只是认识狼，了解活跃区、活跃度，前半部分的目的已经达到了，对于后半部分涉及猎杀狼的问题，这是后面课程的部分，所以这里“浅尝辄止”不是什么坏事。

最后说说 Q 区与 P 区。

Q 区也突破了 P 区，但是并没有见怎么涨啊？班长说的一马平川后的平步青云、扶摇直上在哪里？是不是班长说的不对呢？

这里，需要让同学们认识到一个事实，这个市场没有什么是一定、必定的，哪怕是建立在有理、有据的操作上。

有句股谚叫“对的操作未必每次都是获利的”，如同“获利的操作未必是对的”。尽管获利总归是好的，但是获利不是一两次的偶然，而是需要长期获利下去的。偶然的一两次获利不等于能长期获利下去的，

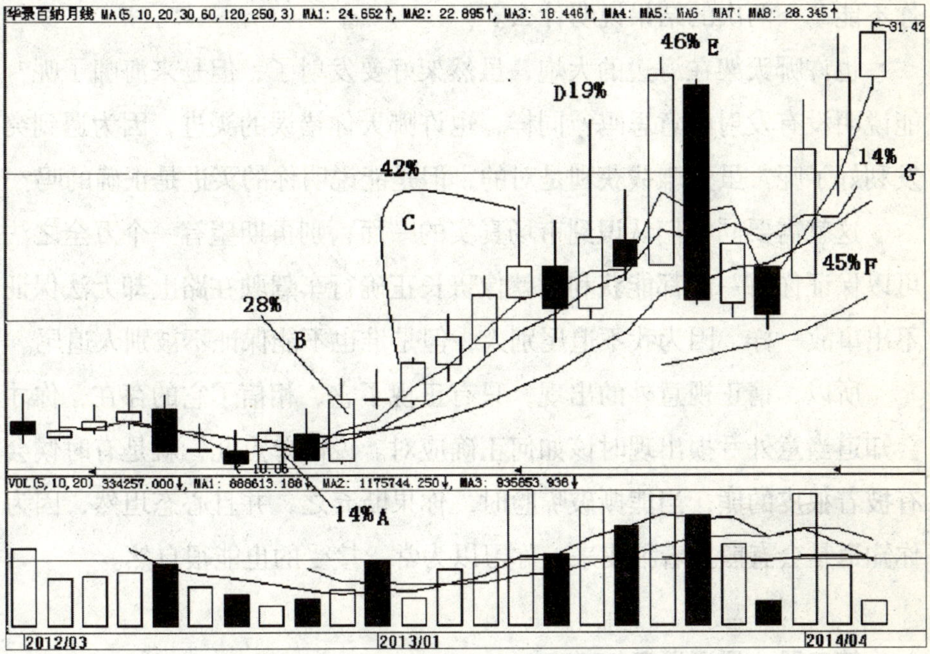

图 1-15　华录百纳 300291 月 K 线图

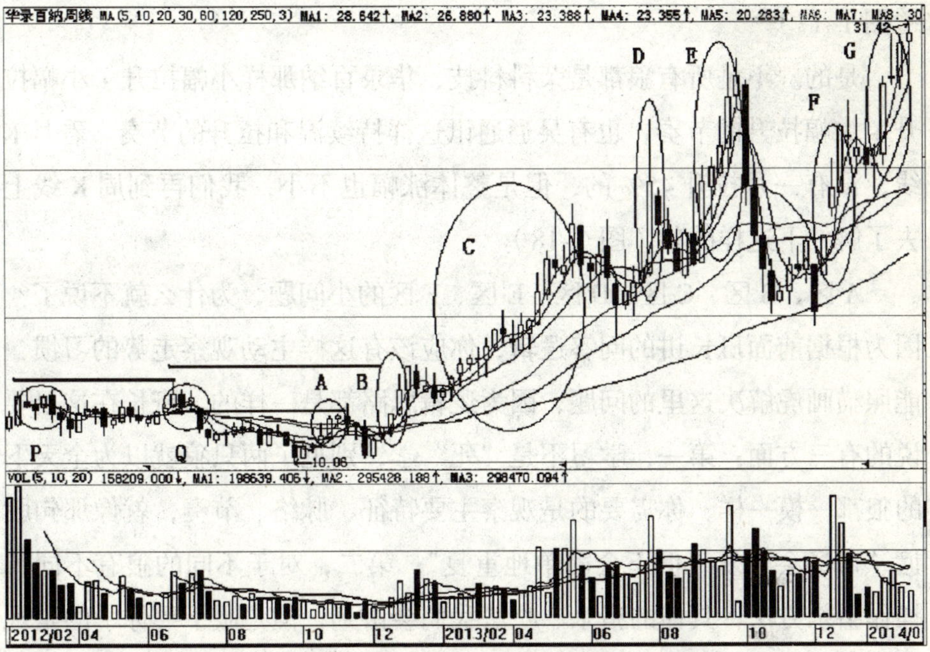

图 1-16　华录百纳 300291 周 K 线图

你不能拿一两次的结果说明什么。

也许哪天架在海边的大炮，虽然架好要发射了，但是来海啸了呢？能说明没有发射的意思吗？同样，也许哪天你错误的买进，因为遇到突发利好了呢？虽然赚钱获利是对的，但是能说明你的买进是正确的吗？

这就需要同学们认识到市场真实的一面，别再期望有一个万全之法可以保证你每一次都能获利。就像班长正确行车驾驶在路上却无法保证不出事故一样，因为我不追尾别人，但是谁也不能保证不被别人追尾。

所以，请正视意外的出现，只有正视了它、相信了它的存在，你才会知道当意外亏损出现时该如何正确应对。说简单点儿，就是有时候会有披着狼皮的熊，当熊撕破嘴脸时，你果断弃之，并且心态坦然，因为你知道是会有熊披着狼皮来，你习以为常，接受的也能很自然。

第三股：吴通通讯 300292

看月 K 线可以发现吴通通讯的节奏与荣科科技、华录百纳有区别（图 1–17）。

是的。不是所有狼都是荣科科技、华录百纳那样小幅拉升 + 小幅拉升 + 大幅拉升的节奏，也有吴通通讯这样持续温和拉升的节奏。看月 K 线，没有一月拉升 45% 的，但是整体涨幅也不小，我们再到周 K 线上去了解一下这样的狼（图 1–18）。

A 区、B 区、C 区、D 区、E 区、F 区的小问题，为什么就不说了？因为根据前面班长讲的问答逻辑，你应该有这样主动观察走势的习惯，能照猫画虎解决这里的问题，因为逻辑思路都是一样的。班长在这里要说的有三方面：第一，学习不是“死”学，别见了两只狼就以为全天下的狼都一模一样，你需要的是观察主要特征、脉络、节奏，就像那句股谚“市场会重复，但不会简单地重复”；第二，对于不同的狼有不同的操作猎杀方法，具体的猎杀、吃法我们会讲到，但是眼下要你学的是观察，你先观察好，可以吧？第三，虽然狼不同，但是狼出没的套路大同

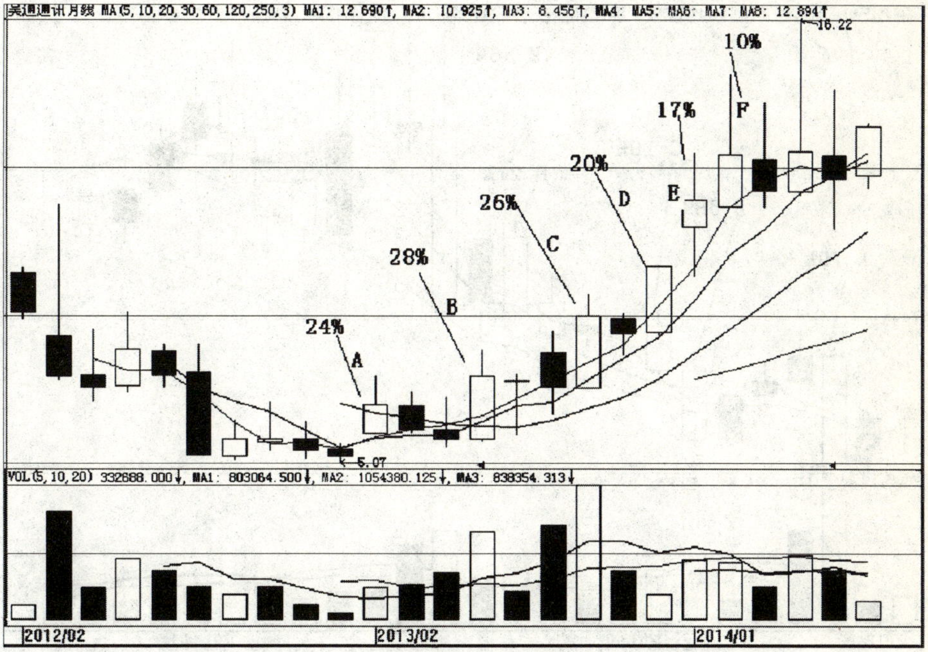

图 1-17　吴通通讯 300292 月 K 线图

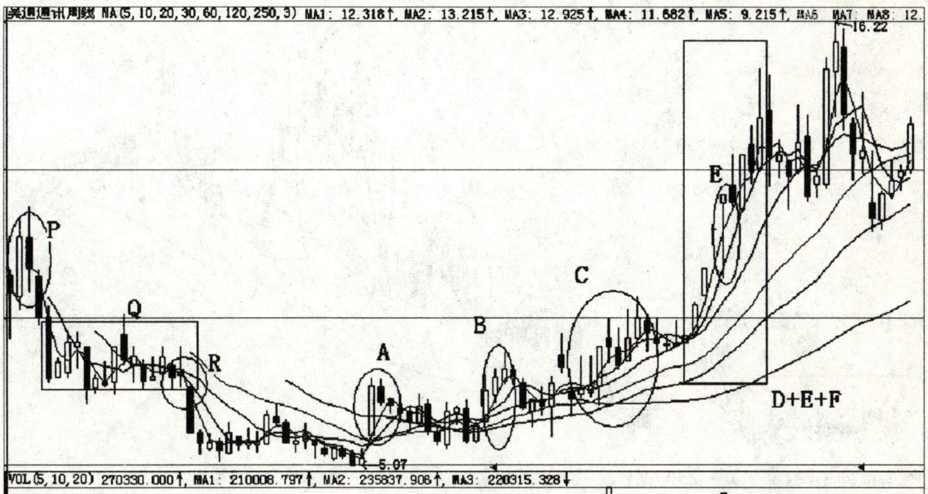

图 1-18　吴通通讯 300292 周 K 线图

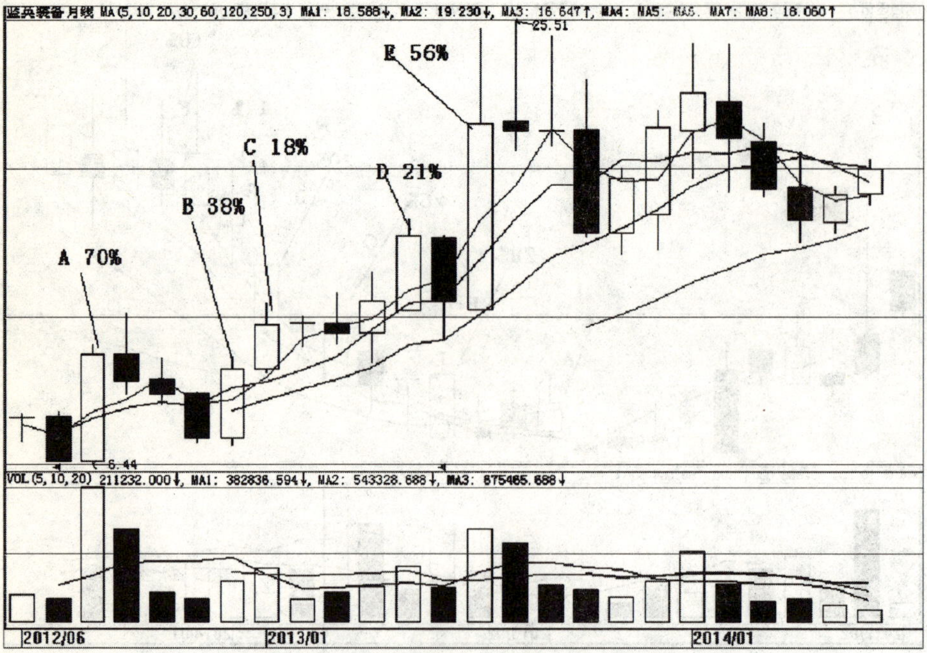

图 1–19　蓝英装备 300293 月 K 线图

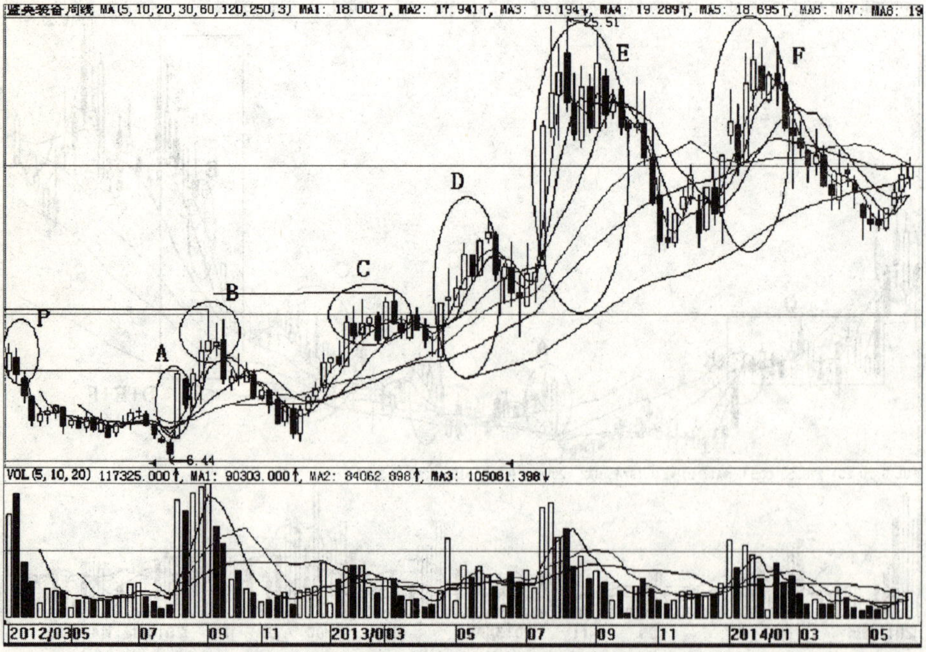

图 1–20　蓝英装备 300293 周 K 线图

小异，走势是合力的结果，狼要奔跑都少不了杀出一条血路，算清旧账，踏平阻碍……先去认识并熟悉这种节奏、特征。

第四股：蓝英装备 300293

图 1–19 和图 1–20 分别是蓝英装备的月 K 线图和周 K 线图。

蓝英装备的月 K 线我们就不说了，我们直接去看蓝英装备的周 K 线。

蓝英装备这只狼，A 区给 P 区算账后出现拉升 B 区，C 区给 B 区算账后出现拉升 D 区，相信不用班长重复细致地讲解了。但是，同学们这里要根据班长讲解的荣科科技、华录百纳的套路，给蓝英装备再做一次详细地解答。

第五股：三六五网 300295

图 1–21 和图 1–22 分别是三六五网的月 K 线图和周 K 线图。

2 区遇到 1 区，3 区突破 1 区，所以 4 区扶摇直上，平步青云。当然，班长说的是大致节奏。

同学们需要回到周 K 线，按照班长前面的问答套路，对 A 区、B 区、C 区、D 区、E 区、F 区做出细致的问答，自己做一次，温故班长前面讲的，及早学以致用，不然你就永远处在听讲层面，在实际中仍然不知道怎么拿来运用。

第六股：利亚德 300296

如同第五股三六五网的月 K 线，班长标注了大致节奏。利亚德在月 K 线上的 A 区、B 区、C 区、D 区……大致节奏（图 1–23），你能不能看出来了？回头看看你三六五网的，然后动手试着画画利亚德的好不好？画完了大致节奏再回到周 K 线上，再温习重做一次，看看听完班长讲之后与之前自己做的有多大区别？

眼高手低是最忌讳的，行动一步胜过想 100 步。因为距离成功有

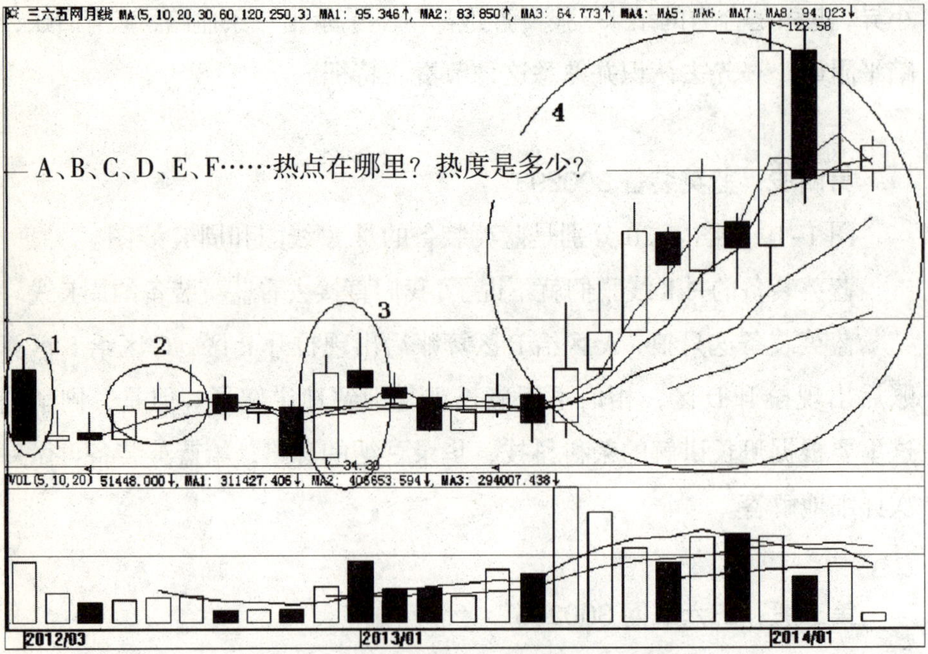

图 1-21 三六五网 300295 月 K 线图

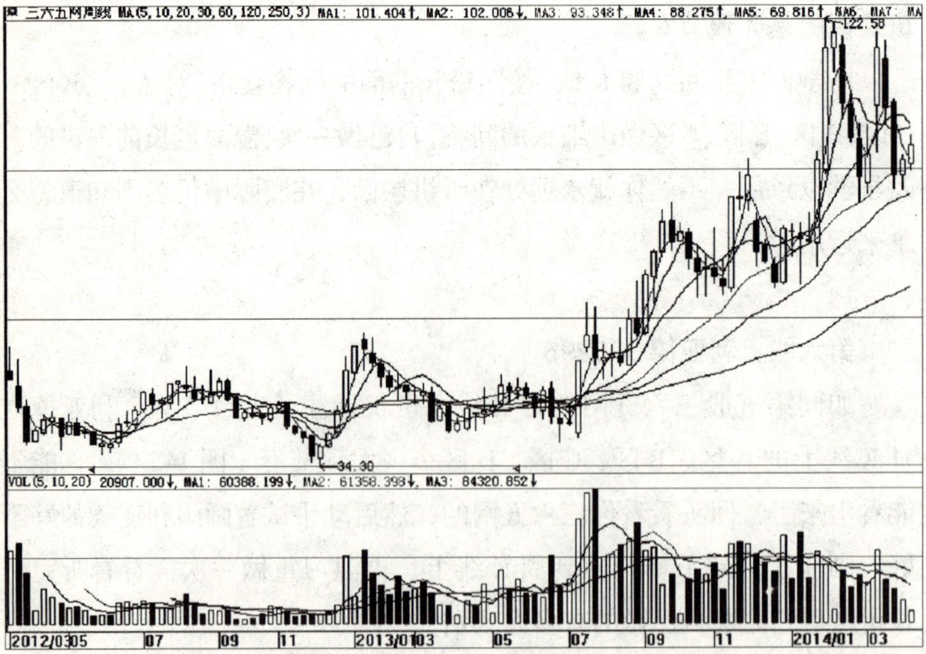

图 1-22 三六五网 300295 周 K 线图

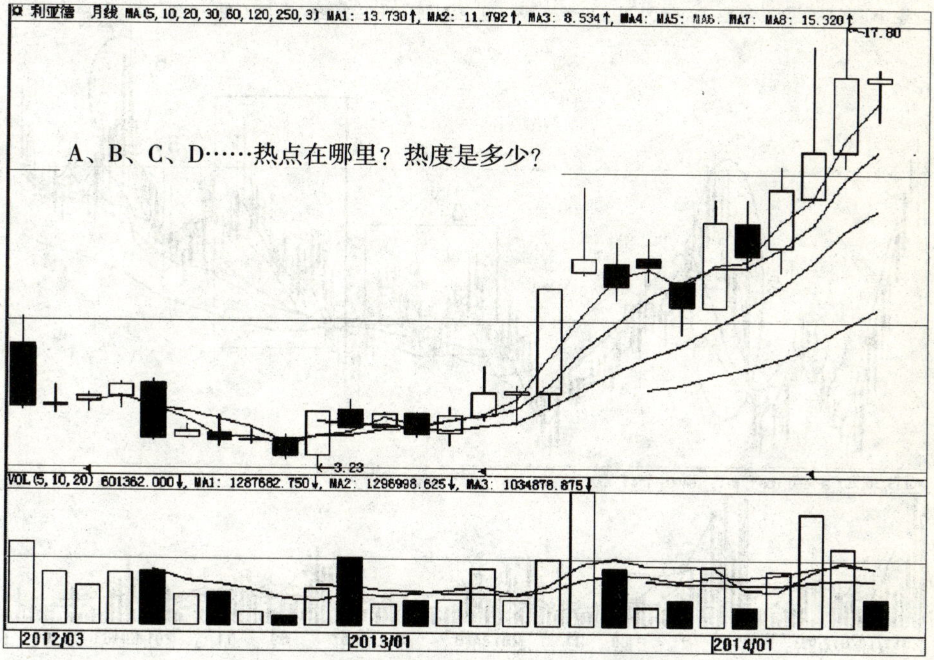

图 1-23　利亚德 300296 月 K 线图

100 步的话，你想 100 步还是距离 100 步，而你行动一步，就离成功更近了一步。

不知道怎么画、不知道如何问答不用急，先把班长画的看看，再把班长的问答步骤看看，然后照猫画虎画出来并问答。

当然，也有的同学说，高手不是都不画图的吗？的确，看一眼，主要脉络、关键点都把握到了。但是，高手跑得再快，他也是从爬开始的。爬了才学会站，站了才学会走，走了才学会跑，跑了才提高到快跑。

所以，你期望能直接快跑现实吗？同学，那不现实，先一步一步来吧！

第七股：开能环保 300272

我们接着来认识狼、观察特征，学习就要活学活用，现学现用；只学不用，什么时候也用不熟练。

图 1-24，2 区为什么大幅拉升了？大幅拉升了为何至此不再更高？

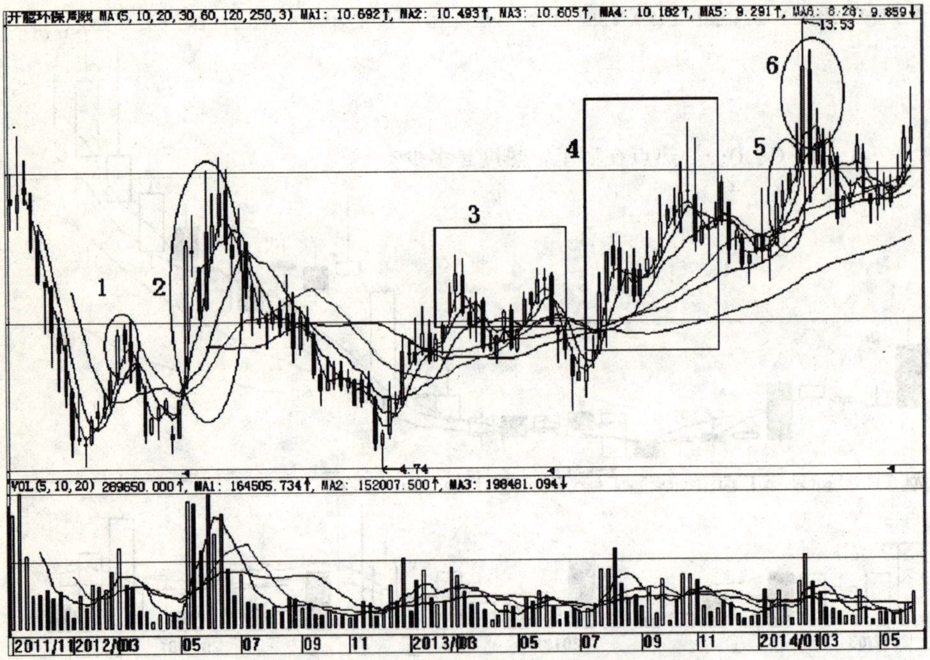

图 1-24 开能环保 300272 周 K 线图

学了前面 6 只股，如果这两个问题你解决不了，说明在六问六答方面眼高手低了，去下功夫复习别无它法。

那么，3 区、4 区也是一样的，为什么 4 区大幅拉升了而 3 区没有？

5 区、6 区也是一样，为何 6 区的拉升幅度远大于 5 区？按照六问六答的模式，你应该能从各个区之间多多少少找到一些有联系的关键点。

事实上，这只是大节奏，这也是为什么班长要在周 K 线、月 K 线上讲的，先让同学们搞清楚大节奏。因为方向比努力重要，大节奏搞清楚了再努力。

班长在开能环保说的这个大节奏，就是上面问题答案的综合，狼是如何一步一步走向加速的？看懂加速了，你才能在众多次新股里迅速抓到真正要狂奔的狼。

对于加速的具体条件，你不用着急，会随着内容的深入讲到的，时下只需要做好当前任务——了解到这种各个活跃区之间的相互关系。

这种各个活跃区之间的关系是什么？去回答上面的 1、2、3、4、5、6 的问题，回答不了，回头从第一股开始看，按照前面所说一步一步来，叫看的看、叫做的做，完全没有眼高手低，完全按照要求做完了还回答不了，那你可以找班长了——请到新浪微博“@ 短线王国”或者在微信里搜索“短线王国”。

第八股：和佳股份 300273

加速不是偶然存在的，看和佳股份（图 1–25）的 1 区、2 区。

看完本节开头的六问六答，以及六问六答后面的五点总结，尤其是第一点，这里你需要对加速有个模糊的概念了：

1 区之后的涨幅为什么比之前的大？突破新高了，套牢的旧账算清了，一马平川了。

2 区呢？也是新高，算清了前面的，所以也一马平川展开了一波。

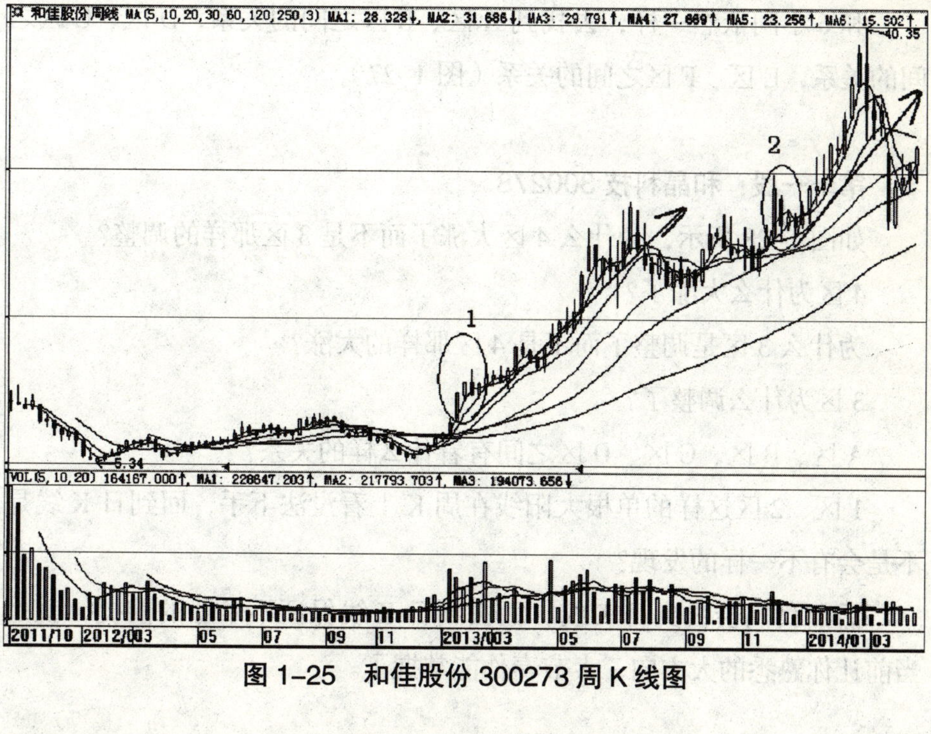

图 1–25 和佳股份 300273 周 K 线图

现在，你知道走势在什么时候会走的活跃、流畅、轻松一大波涨幅了吗？

第九股：阳光电源 300274

加速不会偶然存在的，加速是有基础的，基础是什么？

那么，在阳光电源的周 K 线里（图 1–26），你不妨找找 1 区为何加速了？2 区为何加速了？3 区为何加速了？

事实上，这三问和我们前面的 6 小问是一样的，不过是换了一种看法和问法，同学们当作复习来试试解答。

第十股：华昌达 300278

为什么 B 区的幅度要强于 A 区？

为什么 D 区的幅度要强于 C 区？

为什么 F 区的幅度要强于 E 区？

和 6 小问依然一样，去找到 A 区、B 区之间的关系，D 区、C 区之间的关系，E 区、F 区之间的关系（图 1–27）。

第十一股：和晶科技 300278

如图 1–28 所示，为什么 4 区大涨了而不是 3 区那样的调整？

4 区为什么大涨了？

为什么 3 区是调整了而不是 4 区那样的大涨？

3 区为什么调整了？

A 区、B 区、C 区、D 区之间有着什么样的关系？

1 区、2 区这样的单根大阳线在周 K 上看没法下手，回到日 K 线是不是会有不一样的发现？

后面我们会去到日 K 线，而去到日 K 线保证不晕船的前提，就是当前让你熟悉的大方向、大节奏你能掌握了。

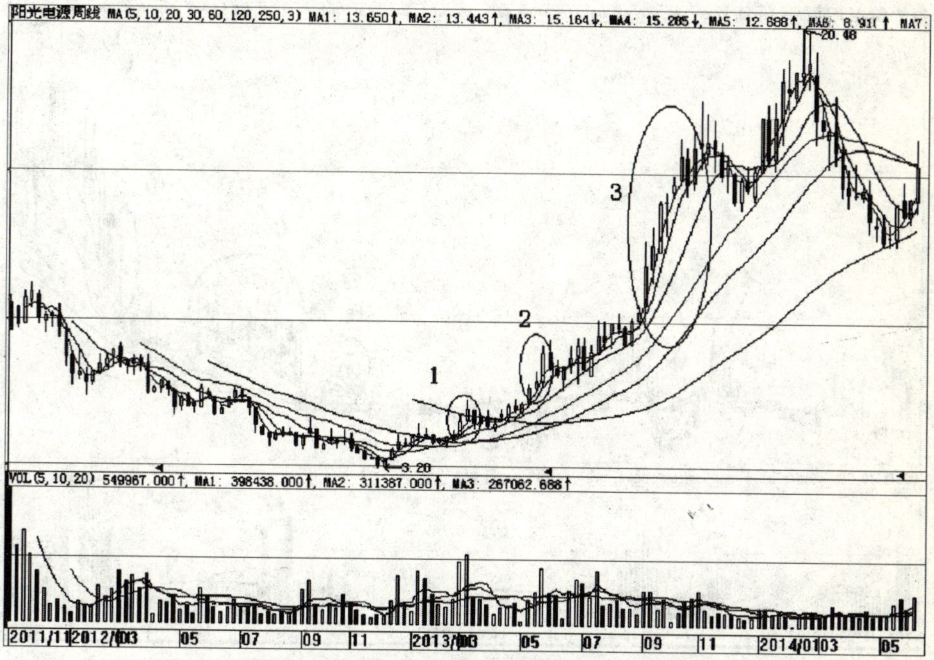

图 1-26　阳光电源 300274 周 K 线图

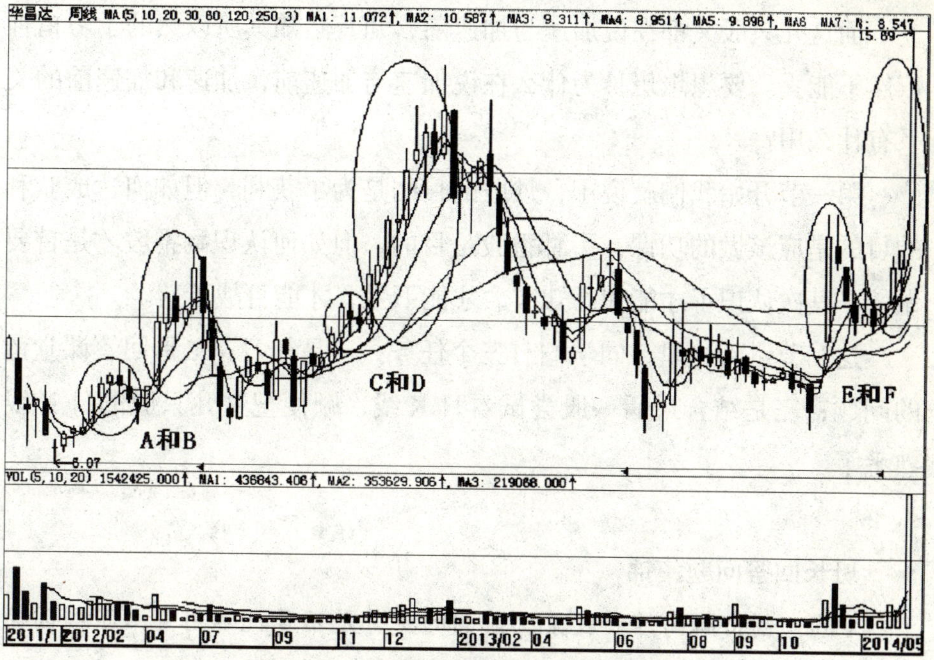

图 1-27　华昌达 300278 周 K 线图

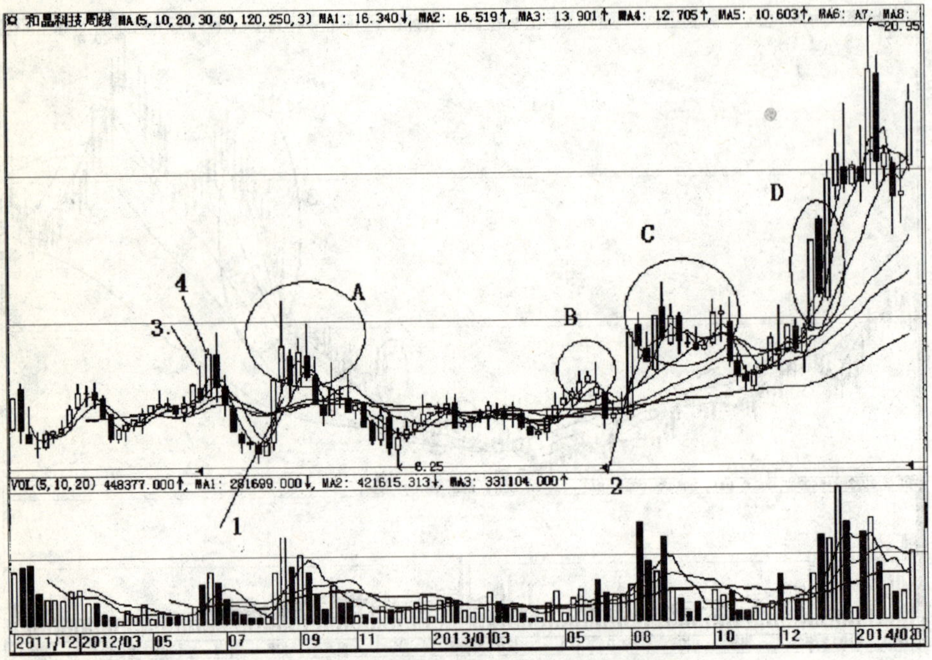

图 1–28　和晶科技 300278 周 K 线图

而这几只股又都在说加速与加速前，知其然知其所以然的学习精神依然不能丢。要想想班长为什么在说加速与加速前，加速和加速前的关系有什么用？

第一节开始我们就说了，炒股的目的是为了获利，但如何达成获利的目的是应该做的功课；买翻番股是目的，但如何认识翻番股才是首要做的，其次认识了才能知己知彼、才能下手、才能百战不殆。

这一节讲到这里，同学们有三个任务：一是复习；二是回答课堂留的问题；三是结合最后一股尝试看日 K 线，顺便把这几只股的日 K 线熟悉了。

班长回答问题集锦

1 问：创出新高后的股票，前面的走势是不是就不用关心了？因为没有压力，旧账还清了。比如，第十股华昌达，D 区新高后，然后回落，但是之后关注它，是不是不用再考虑D区前面的走势？

答：你的意思应该是不考虑之前的涨势了，但是前面留下的旧账要考虑。

2问：D区前面没有旧账了，都是获利盘了啊？

答：股价在其之上，当然不用考虑，但是后面如果跌到其下，之前的筹码堆积处依然会形成一定阻力。

3问：同样道理，F区又是新高，是不是之后只好看F区的以后的走势了？F区至于回落多少，相当于熊了，什么时候再变成狼，观察等吗？

答：刚才讲过，没有旧账，但是有获利浮筹了，回头你看看荣科科技上讲的。至于回落多少，什么时候变熊之类的，是不预料的，应对之法后面会讲。

4问：看到新高，又怕是山顶。

答：关于怕，后面也会讲到用什么样的策略克服怕最有效。

5问：华昌达在未有创新高之前，请问班长如何能够在星期一提示买入呢？

答：班长不能确定创新高,但是E去结算旧账这个是必须考虑到的。

6问：次新股怎么定义？上市时间多久？涨幅多久？

答：严格意义的次新股是一年之内，但是次新股往往因为上市后就遭到爆炒，而爆炒之后的回归调整需要很久，所以班长对近几年上市的都可以算作次新股。

7问：上来短时间就翻了好多的，还是次新股吗？这种是不是只能算作欣赏的狼？

答：翻番了不等于不能再翻番，再翻番了不等于不能再再翻番，就像前年班长在班里说的10倍牛股东方财富，就是翻番之后再翻番、再再翻番的例子。这里你要明白，你操作的是次新股的势头，具体后面会给同学们展开的。

8 问：书中的案例都是已经走出来的，散户经常是在没走出来前倒下了？

答：现在班长所讲的，就是如何让同学们学会等待走出来再下手，即不见兔子不撒鹰。

9 问：如果用飞龙在天的解答，华昌达要等到突破 11.46 元后，才确认升势，但需要追高买入，没有逢支撑买入的机会了。

答：当然要用决战翻番次新股的方法，等着后面展开吧。

10 问：这些案例有两个共性：过左峰创新高、均线多头牵引主升。没有这两点，翻倍无望。

答：嗯，是这些案例！后面还会引入其他案例，如中小板里上市后大幅调整的。

11 问：华昌达，那是不是可以这么理解，D 区相当于一个新股上市（把前面的走势合并为一天），只是首日涨幅很大，然后回落，然后出现 E、F？

答：你暂时可以这么理解，如果明天周末你复习两遍，或许会有更饱满的理解，待之后买入内容展开了，你或许理解层次又会有新的提高。总之，别着急要最后的答案，做好目前需要做的。

12 问：班长讲到的 12 只股票，是否都可看作刚长大的狼，等我们去猎获？

答：其实，你是没有搞清楚这两节学习的什么才会想着猎获这些狼。复习一下，这两节是熟悉狼的，不是猎获狼，既然是熟悉，都是走出来走好的狼了。而看这些，不是马后炮，是让同学们从这些运作好的股里学习。

13 问：这两节，如果有基础的人都明白其中原理。大方向确定，期待日 K 线级别入点。

答：归纳的言简意赅啊！是的，先带同学们如何确定大方向，剩下的讲日 K 线级别的介入点。

14问：第十一股4之后的回落，为什么不可知，为什么4之后不是向上再涨然后是A，A出面对前面的4，然后再是B，打松一下，2面对的压力是不是有A和B？

答：不是不可知，你把目前学的前半部分复习一下，应该能找到答案。后半部分的问题，可以先保存起来，等到后面内容展开就解决了，这里你别急着找答案。

第三节　发现之旅，遨游日K线

对于例股，虽然都是次新股，但表现不一，想必会有同学说，虽然是次新股，有些股还是很弱势的，甚至还不如老股。并不是所有次新股都是大涨的，如何避免弱势的股？如何做到我买的次新股骑上去就极有可能狂奔飞涨？

是的。并不是所有次新股都会大涨，不然也就不需要学习了，闭上眼睛随便买个睡觉就好了。但是，如何做到我买的次新股骑上去就极大可能狂奔飞涨呢？记着这个问题，看完本节的例题，看看你能不能找到答案。

当然，在讲本节之前，有必要先总结一下，通过前两节的观察、熟悉，你学到了什么？不知道你想了没有。当然，两节提及到的内容很多，但是两节所讲的，或者说要同学们掌握的，就一点，用言简意赅的一句话总结是什么呢？

班长先带同学们认准方向，后面再带同学们找细节下手。

正所谓选择正确的方向胜于努力。是的！先保证战略正确，再通过战术得以实现。班长在前两节的用意，就是在无形之中让同学们先做对方向，然后再在操作上下功夫。我们就这样按照“先大后小”“先粗后细”的顺序步步深入吧。这节要讲的三只例股是，阳光电源、和佳股份、开能环保。

第一股：阳光电源 300274

看阳光电源的什么？周 K 线吗？月 K 线吗？不止是这些，这些我们上两节看过了，我们需要进一步深入，要观察日 K 线。那么，暂时忘记周、月 K 线，我们来一场日 K 线之旅。

因为日 K 线 K 线比较多，班长把日 K 线走势图分段截图了。图 1–29 是阳光电源上市初的一段走势。我们从图中不难观察到，阳光电源上市后并没有出现持续拉升，反而出现了下跌。

关于下跌，我们永远不需要过多关注。为什么？这在我们前两节已经讲了。我们是来抓狼的，走势不好的股根本就不够资格让你关注。狼没长成、狼不出没，我们当然不下手，袖手旁观就够了。

当然，出现止跌回升，那就要关注了。关注什么？看看对于旧账是否清算。

看图 1–29 中 1 处创出新高，当股价创出上市高点，意味着所有成本在其之下，没有旧账。而又出现了 2 处的回调，回调不破前期高点区域，意味着突破的阵地未丢失，所以有了 3 处的再涨。当然，新高了，再涨了，也并不意味着可以持续涨下去，否则还要操作者干嘛？设定条件选股，全部买进那些刚创出新高的就好了。

所以，在意识里永远不要认为新高的就有无穷动力去上涨，只需要记得新高的压力相对轻，更容易上涨罢了，但是绝对不等于 100% 上涨。这是很重要的一个知识点，务必加强新高未必持续上涨，但新高相对容易上涨的意识。

3 处之后没有持续上涨，出现了 4 处的持续下跌。

4 处持续下跌之后出现了反击，反击到 5 处，但是并未收复丢失的阵地，在没有收复丢失的阵地以前，你要做的不是觉得它能收复，也不需要你认为它收复不了，你只需要管好自己就行了。

如何管好自己？

收复了，意味着重新打开进攻局面；收复不了，意味着只是反抽。

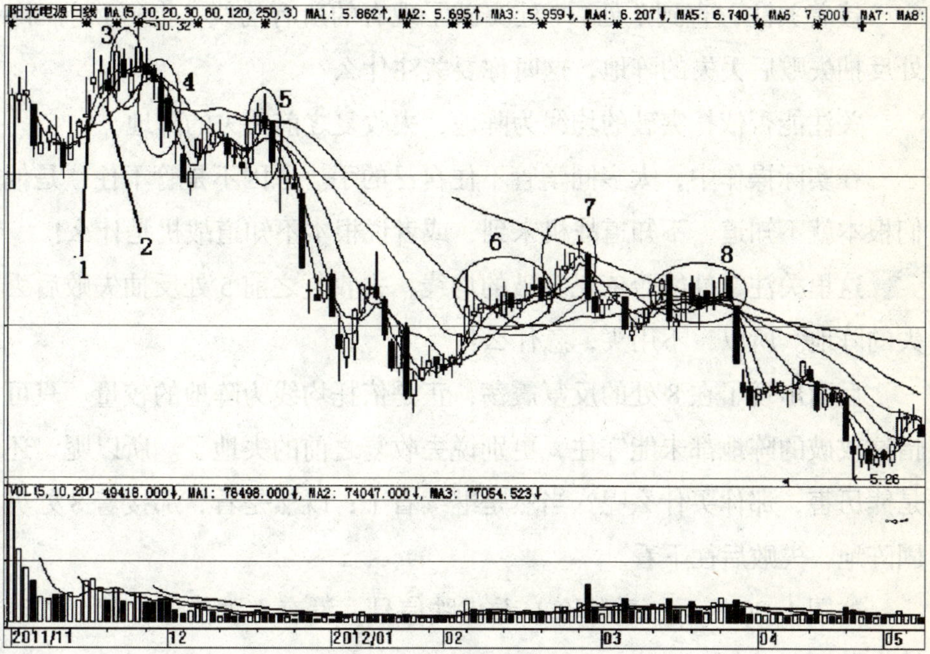

图 1-29 阳光电源 300274

既然是反抽,就还有下跌。5处反抽之后继续下跌。继续下跌就下跌吧,你管它干什么?你是来猎杀狼的,不是陪熊谈恋爱手牵手一起走的。

当然,熊也不会一直熊,否则都要跌到南极去了。那么,你要做的是什么呢?等到它不跌动。

它什么时候不跌呢,或者说不跌的信号是什么呢?

不跌的信号既不是你觉得应该见底了,也不是你认为不会跌了,是它在走势上的的确确出现了不跌的走势。

看图中的6处,当走势持续下跌,出现了6处的走势,意味着止跌了。

止跌的才值得你看一眼,因为你是抓狼的,因为从值得你看一眼到值得你干一仗,还有一段距离需要走。为什么还有距离呢?

因为止跌不意味着上涨,也可能是从下跌到了盘整,盘整不等于上涨吧?这点相信你没有疑问,那么盘整后是不是上涨,这是不是疑问?是疑问了就意味着止跌不是买进的信号,继续看。

接着关注，直到7处。7处突破了现有的所有均线，上行到前面5处反抽失败后丢失的阵地，这时你要关注什么？

关注能否依托突破的均线为阵地，去收复之前丢失的阵地。

在实际操作中，太多同学管不住自己的手。原因不是管不住，是他们根本就不知道，不知道战机未到，或者说根本不知道战机是什么！

这里关注7处能否依托突破的均线，去收复之前5处反抽失败后丢失的阵地。所以，不用买，急什么！

后面出现了在8处的反复震荡，正是依托均线为阵地的较量。只可惜这攻破的阵地都未能守住，更别说去收复之前的失地了。所以呢？还是熊厉害，那你买什么呢？当然是继续看了；既然是看，那接着8处巩固阵地，失败后往下看。

如图1-30所示，看什么？看止跌信号，没有止跌信号，就让跌继续去跌。

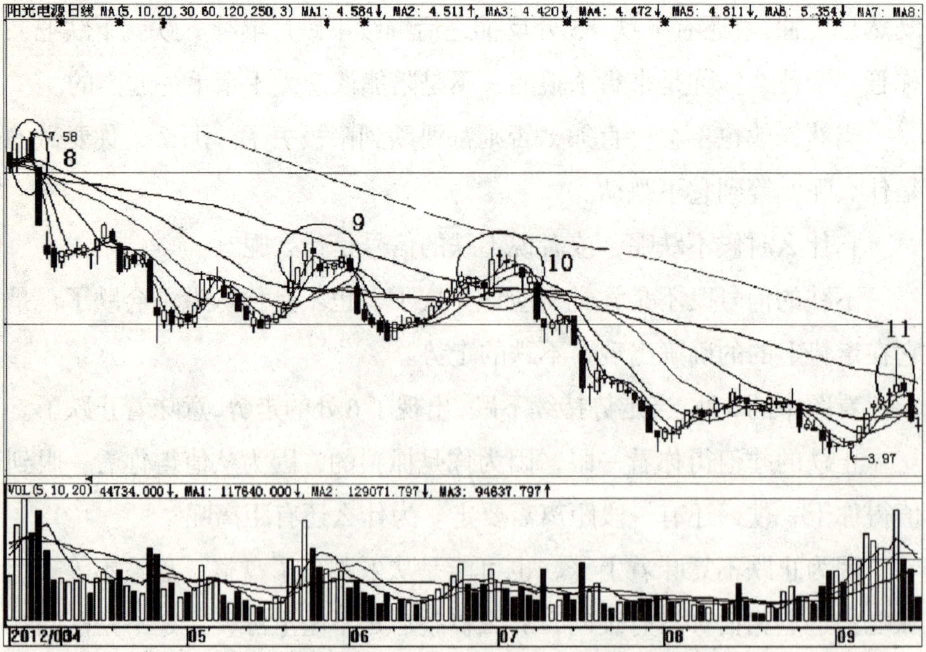

图1-30 阳光电源300274后续走势图1

当然，9 处又出现了止跌信号。这时，你应该记得班长刚刚讲过的，止跌信号不等于上涨信号。所以，止跌信号只配你看一眼，剩下的值不值得你关注，甚至值不值得干，需要看它接下来的走势。

9 处这里止跌震荡整理了一阵子，最终还是不能依托这里展开上攻。所以呢？你继续让熊走开，你要的是狼，你才不会稀里糊涂跟它牵手。

随着走势推进，你继续观望，继续等待，等待一个信号，一个可以从看一眼到关注再到满足你操作条件的信号。

当然，这是假设两市只有这一只股的情况下，你是需要继续等待它出现止跌信号。如果有其他股出现了止跌信号，甚至出现了上涨信号、加速信号，就可以配合战法去操作。

战法，具体怎么个战法我们后面再展开讲，这里我们继续假设只有这一只股或者你只做一只股。

9 处之后继续观望，观望到 10 处这里又出现止跌信号，值得你看一眼的又出现了，你当然还要看，因为止跌信号不等于上涨信号，只是止跌，在你的意识里必须能够辩证看待止跌不等于上涨信号，那么接下来就是关注了。

经过跟踪走势关注，发现还是未能在此巩固阵地，那么，更别说上行收复了。所以呢？你的眼睛决不在熊那儿多停留一眼，你需要做的是继续等待。在漫漫熊途，你等待的最基本要求就是止跌信号。

当值得你看一眼的 11 处止跌信号出现（图 1–31），11 处这个止跌信号出现，你需要干什么，还用班长再重复吗？

那么，当 12 处、13 处出现呢？你不应该再需要班长重复讲了，你只需要重复班长讲的步骤，就可以顺利进入下一个等待。

当然，14 处出现了，又一个止跌信号，不同的是什么？是这个止跌信号出现后巩固住了阵地。既然守住了这里，以这里为阵地进攻到了 15 处。所以呢？你从看一眼级别升到关注级别了。

升级到关注级别，意味着什么？

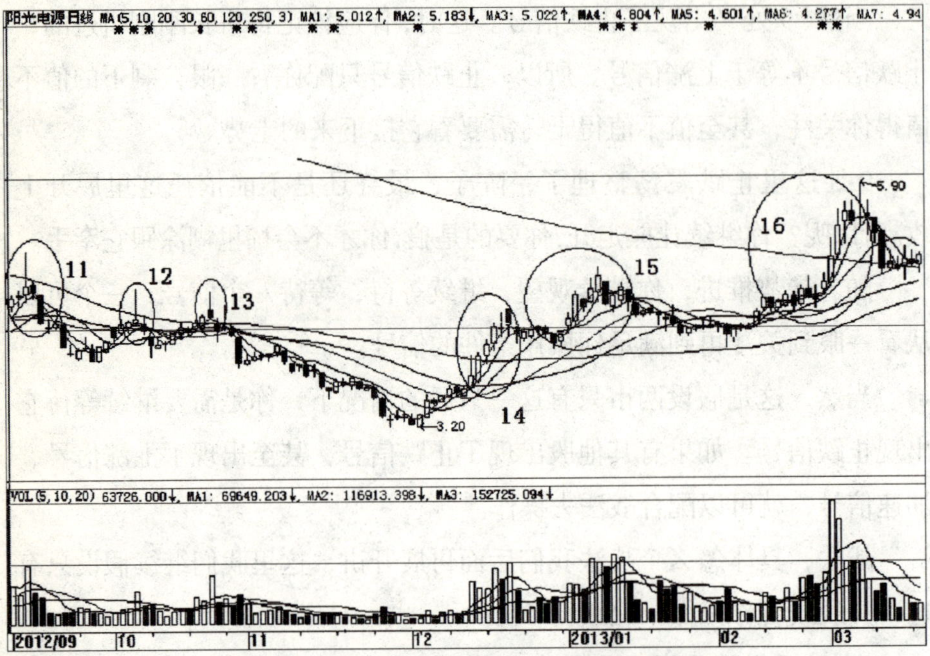

图 1-31　阳光电源 300274 后续走势图 2

意味着出现上攻。但是，这不意味着必定上攻，请同学们记住这点。所以，你需要的只是关注。关注什么？注意这是关键点。

你需要关注的是阵地是否会丢失。15 处上攻的阵地是否会丢失？以 14 处为止跌巩固出的阵地是否会丢失？如果丢失了，意味着又从关注级别降到了观望；反之，就会从关注级别里出现操作点。

我们看 15 处之后，持续出现了下跌，缓跌，但是并未跌破 14 处巩固的阵地。

并未跌破这个阵地，意味着就没有重返熊途。没有重返熊途情况下就有三种情况：一是继续震荡，二是再返熊途，三是展开新的上攻。

通过看走势，不难发现，在没有跌破 14 处巩固的阵地后出现了止跌回升。对于这里的止跌回升、推高，与之前的 14 处、15 处有什么区别吗？

区别当然有，而且是本质上的不同。

14 处是什么？是止跌。15 处是什么？是 14 处止跌后整固阵地并以阵地为依托展开的回升，是从你看一眼级别的止跌信号到关注级别的回升。回升后的下跌，没有吞没原来依托的阵地，并且结束调整，再度推高。再度推高怎么了？所以呢？

很多问题，往往绕得我们晕头转向，不知所以然，更不知道何去何从。当然，迷茫往往来自于你不知道你在干吗，就像止跌信号那里会有大批人买进。

但是你把本书看到了这里，你就应该知道你在看什么，你更知道你为什么需要看。

随着关注，这里你明显知道势头是在向上的，的的确确是个买点。而你等的不就是这吗？

当然，我们这节展开的内容，只是带同学们做个日 K 线之旅，顺便认识认识买点，至于等到了，要不要买，怎么个买法，先不展开。

随着推高买点出现，这里你还需要有这样的意识：那就是买点出现不意味着必然拉高，也有买点出现再跌的。当然，这里是出现了 16 处的拉高（图 1–32）。我们接着看：16 处之后出现了下跌。我们把上涨之后的都叫作下跌，至于下跌是真跌还是回调，我们等走势确认是不是回调。

所以，拉升之后的下跌，你需要做什么？就我们日 K 线之旅来说，我们只需要关注，关注是不是回调，会不会跌破。跌破什么？跌破原先上攻前的阵地，也就是16处拉升前的阵地，就相当于15处拉升前的阵地。

阵地是生命线，阵地没了就什么都没了。所以，你只需要关注这个。当然，这是作为日 K 线旅行者来说，我们只需要关注这个阵地。阵地在就有操作的价值，阵地不在就关注或者观望或者看都不看。

随着后面内容的深入，我们作为一个买进的持股者来说，不仅要关注走势的生命阵地，还要注意照顾利润。至于照顾利润，这里先不展开，后面会讲到，这里同学们只需要知道有这回事就行了。

16 处之后的下跌没有吞没之前的阵地，所以是回调，回调之后当

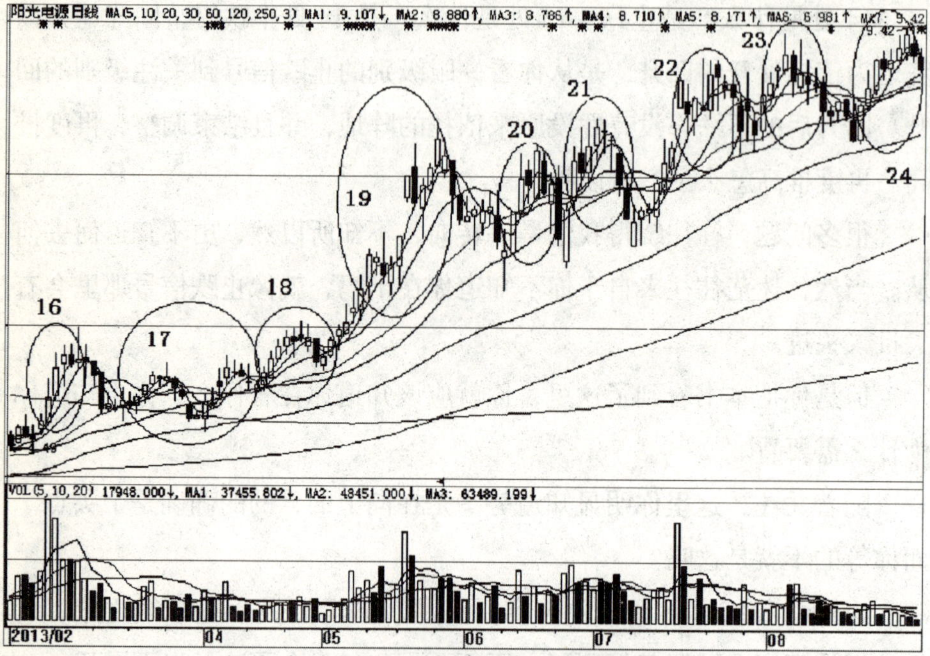

图 1-32 阳光电源 300274 后续走势图 3

然就要看上攻情况。

攻了还是没攻？没攻的话，丢掉阵地没有？没有就继续关注。

当然，攻了。那么，攻了多少？从 17 处来看，在下跌调整后再度推高，但是并没有攻过 16 处高点，这意味着什么？这意味着高点下来的调整没有确认结束。

直到 18 处的出现，创出新高。新高后下跌，下跌没有吞没什么。

既然没有吞没 18 处上攻前的阵地，性质和 15 处之后是一样的，所以一个转身继续拉升。

当然，我们怎么知道它没有吞没的？我们是猜的吗？我们需要猜吗？

我们不需要，我们只需要盯着走势看，让走势给你肯定一切，而不是靠你的主观“认为”“觉得”“可能”“好像”之类的。

对于操作者，尤其是有一定股龄的同学来说，最容易犯的错是什么？就是在最不该看股的时候他盯着不放，在最该看股的时候他却置若罔闻。所以，你看到这里时，你有没有觉得需要有根本性的改变，那么改变是什么？

第一，时刻记着你是来抓狼的，熊股你不看；第二，对于熊股出现止跌信号的，你只是看。

做到了这两点，这意味着什么？意味着你不再买跌股，不买熊股，意味着你离抓到狼更近了一步。

我们接着看，18 区之后再出现一波主升，即 19 区。

19 区拉升这一波实际上可以分为两波。因为这波拉升不是一气呵成的，中间出现了一次调整。为何调整？

在我们目前截取这个画面里是找不到的，但是你学了算旧账，那么你意识里就应该想想，它是不是跟谁清算旧账了？

至于算没算，或者跟谁算，我们先不去确认，但你要有这方面的联想意识。我们接着往下继续日 K 线旅行。

19 区高点下来，走势明显复杂了，波动更剧烈。更剧烈究竟跟什么有关？我们如果用算旧账的逻辑，或者到周、月 K 线上看看大方向，应该一目了然。但是现在我们暂时忘却它。我们不用它，我们只单纯地进行日 K 线之旅。

虽然 19 之后震荡剧烈，但是 19 拉升波的后半波阵地一直都在。当下跌或震荡看起来再剧烈都没有吞没阵地，再出现 20、21 的拉升，你还意外吗？当然，如果从持股的角度看，不仅仅关注阵地，还要知道怎么照顾利润，这个事你意识里依然记着要有，就像别等到后面讲照顾利润时你把关注阵地生命线忘掉了。

20、21 区虽然是没有吞没失地的拉升，但是也并未新高，和 16 区之后的性质一样。21 区之后的下跌，依然没有吞没失地。

出现了 22 的新高，同样不意外。22 之后的下跌，没有吞没失地，视为回调，所以再度出现 23 的拉升。注意 22 之后和 22 之前的阵地有什么不一样？

23拉升后出现了下跌，下跌到上攻前的阵地，在边缘挣扎、力挽狂澜，好在没有破掉阵地生命线，于是再度出现了24的拉升（图1-33）。

作为一个关注者，你在关注着阵地生命线。当没有出现跌破生命线，再度出现拉升，对你来说并不意外，你也不应该感到意外，当你知道了这些以后也不会再感到意外。当然，对于那些下跌里不懂看什么关键点的，他当然觉得神奇和意外。

再接着看走势，24区的拉升之后再度出现下跌。

下跌看什么？你该知道关注要点了。既然关注要点没有被跌破阵地，出现了25区的拉升，意外吗？

26区、27区、28区、29区、30区这些还是同样的逻辑，就像我们前面看那些止跌信号一样，看一眼不行就pass掉，看一眼不行再pass掉。这里就是关注，不破再涨、不破再涨，直到什么？直到涨不动，直到跌

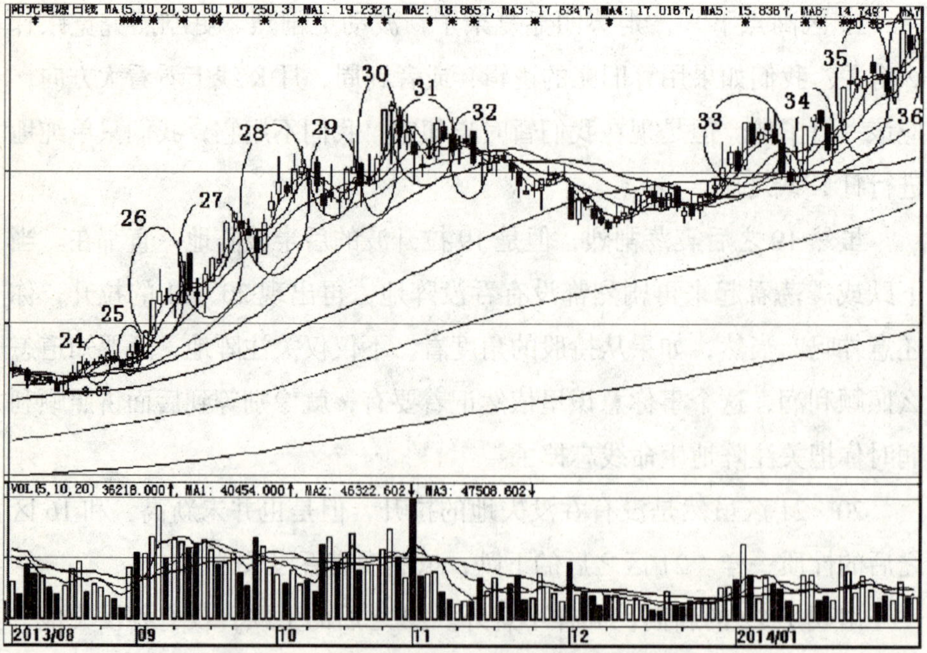

图1-33　阳光电源300274后续走势图4

破吞没失地。如 31 回调后再度拉高，但是没有突破 30 高点。没有突破高点,可以歇歇再来突破。但是我们关注点不能退让,那就是阵地生命线。

当 32 区出现跌穿 30 区上攻的阵地，意味着涨势结束，没有了生命迹象。从 31 区的涨不动到 32 的吞没失地,我们也从关注级别降到观望。当然,走势是周而复始的,我们操作者也要随其周而复始地看涨跌更迭。跌时熊途时不看便是，直到什么时候才值得你看一眼?

是的，止跌信号出现。当 33 止跌信号出现，当阵地不丢，巩固后走出 34，意味着什么?

所谓市场没有新鲜事，走势没有新鲜走势，就是这个道理。无非是重复操作，所谓该看时看，该买时买，该卖时卖。如此而已。

通过日 K 线旅行，相信同学们都有了初步认识。

33 区止跌，34 区关注，关注发现 34 区下跌不吞没阵地，于是再度拉升 35 区。35 区拉升后也出现下跌，还是回调不破，再出现 36 区，

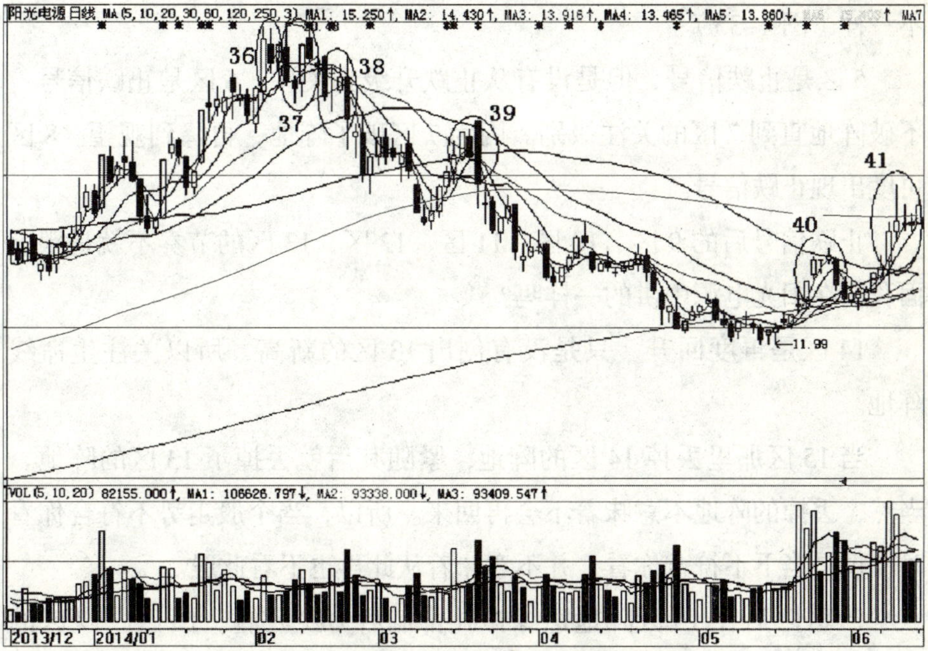

图 1-34 阳光电源 300274 后续走势图 5

就是这么简单地重复（图 1–34）。

36 区之后出现 37 区，37 区未能新高，关注生命线阵地丢不丢。随后出现 38 吞没 37 阵地，吞没变熊的你还看它做什么，让熊走它的熊途去，更别说还买它了。

当然，当 39 区止跌信号出现，你从容自若地只是看一眼，当 40 止跌信号你还是看一眼。

不同的是，40 区下跌不破，你要升级为关注了。40 区下跌不吞没失地，再度拉升，拉升后这里的下跌你关注。注意 41 区这里的下跌，如果下跌不跌破什么就会怎样？

班长从 1 区讲到 40 区，如果最后这个 41 区你都答不上来，那么班长还能说什么？除了说让你复习一遍。

第二股：和佳股份 300273

1 区、2 区、3 区、4 区和阳光电源的 1 区、2 区、3 区、4 区一样不一样（图 1–35）？

5 区是止跌信号，但是没有从止跌升级到关注。6 区是止跌信号，不破阵地直到 7 区的关注级别。因为 7 区破了阵地，再降到观望。8 区再度出现止跌信号。

止跌信号后的 9 区、10 区、11 区、12 区、13 区的节奏不就是跟上面我们在阳光电源中讲的一样吗？

14 区是再度回升，只是没有创出 13 区的新高，所以关注生命线阵地。

当 15 区那里丢掉 14 区的阵地，紧随其后就丢掉了 13 区的阵地。当然，丢掉的阵地不意味着不会再回来。所以，当个股走势不符合你看时仅仅是当下不符合你看，并不意味着从此再也不看此股。

15 区之后在 13 区阵地边缘挣扎徘徊后力挽狂澜。16 区、17 区的节奏就用班长讲的重复看吧，但是方法你要重复下来加强印象。

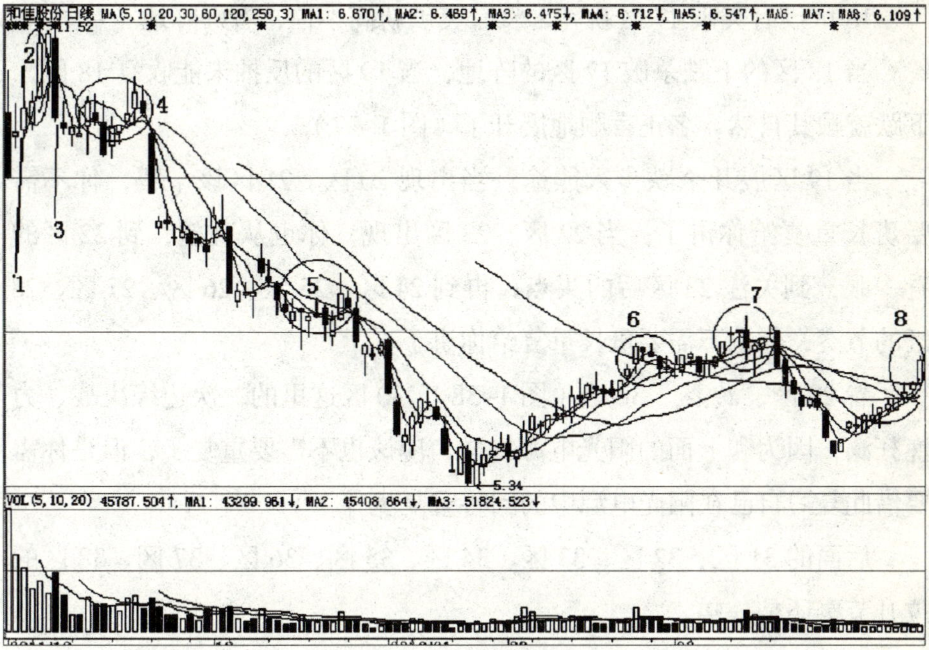

图 1-35　和佳股份 300273

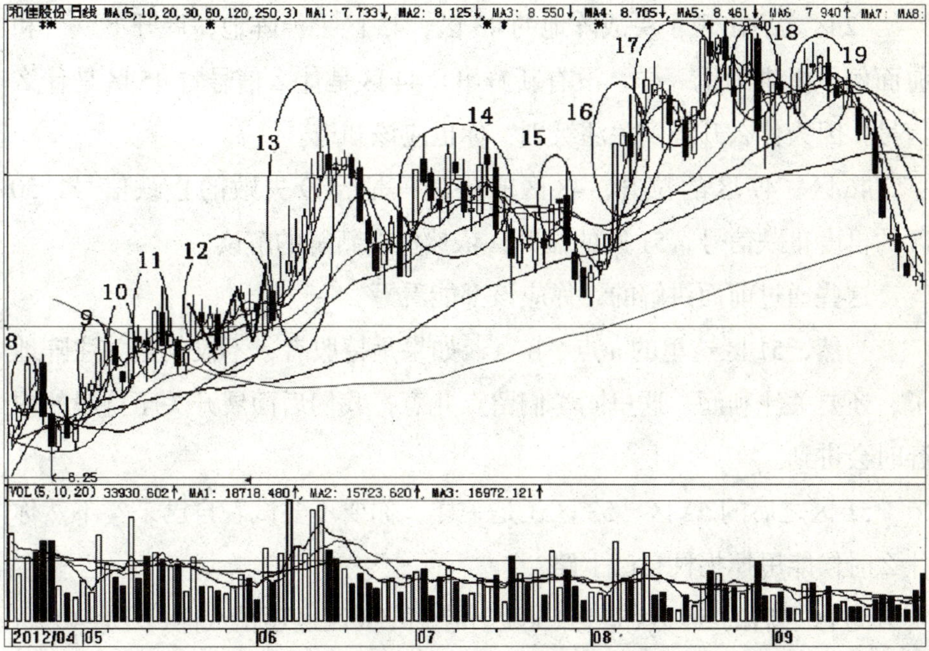

图 1-36　和佳股份 300273 后续走势图 1

18 区没有突破 17 区新高，没有突破新高不怕，看好阵地。

当 18 区的下跌杀破 17 区的阵地，当 19 区的反抽未能收复 18 区，下跌就顺其自然，名正言顺地展开了（图 1–37）。

当 19 区展开杀跌步入熊途；当出现 20 区、21 区该干吗，你不需要班长重复给你讲了；当 22 区、23 区出现，你也从观望，到 22 区的看一眼，到关注 23 区后的买点，再到 24 区、25 区、26 区、27 区、28 区的节奏，你也不需要班长重复给你讲了。

看 28 区、29 区、30 区（图 1–38），30 区这里的一次边缘决战、力挽狂澜，因为和上面的阳光电源一样，应该也不需要重复了，但是你需要借此复习自己在阳光电源中的问答重复步骤。

后面的 31 区、32 区、33 区、34 区、35 区、36 区、37 区、38 区的拉升节奏还是一样。

39 区不突破 38 区后的阵地决战，决战后的 40 区、41 区、42 区还是一样。

42 区之后出现了决战阵地的 43 区，43 区丢掉阵地，展开下跌，和前面例子里讲的也一样，没有新鲜事。44 区是什么信号？ 45 区是什么信号？因为什么升级到关注级别？你也应该知道。

46 区、47 区的拉升，48 区的决战阵地，49 失败的止跌信号，50 区的再度止跌信号，51 区的拉升，依然没有新鲜的解读。

这些通过前面讲解的，你应该都能看懂。

当然，51 区这里的 a 点、b 点，如果是持股者，不仅仅是关注阵地了，还要关注利润，这里同学们留点儿意，我们后面展开关于持股的内容时会讲到。

51 区之后的 52 区、53 区还是一样，你要不要试着自己来？不然你什么时候能甩掉拐杖自己上路？

53 区之后的 54 区、55 区、56 区、57 区、58 区也还是一样（图 1–40）。

59 区的丢失阵地，步入熊途，也和前面的例子一样。

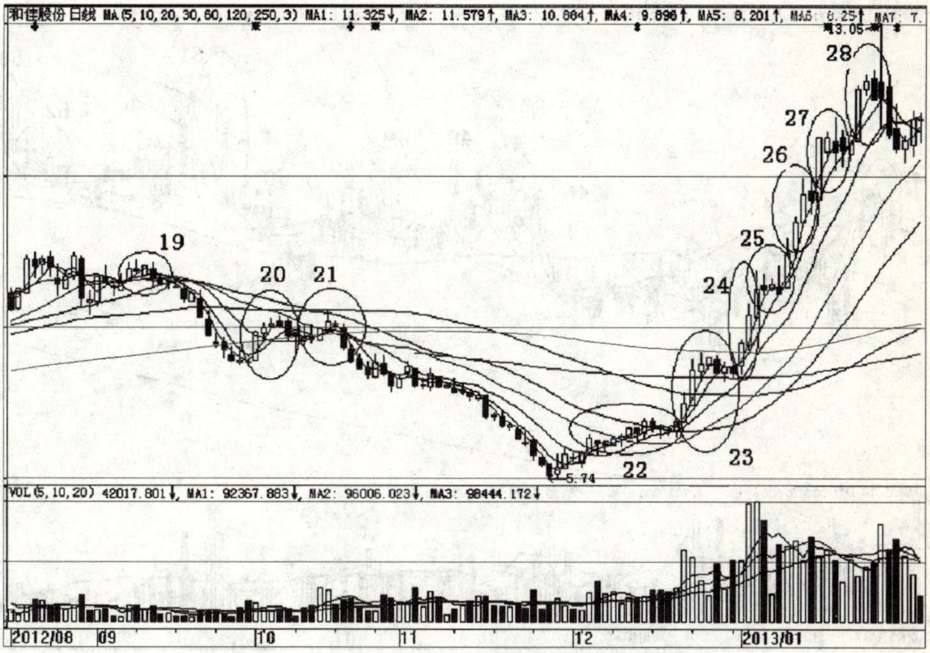

图 1-37　和佳股份 300273 后续走势图 2

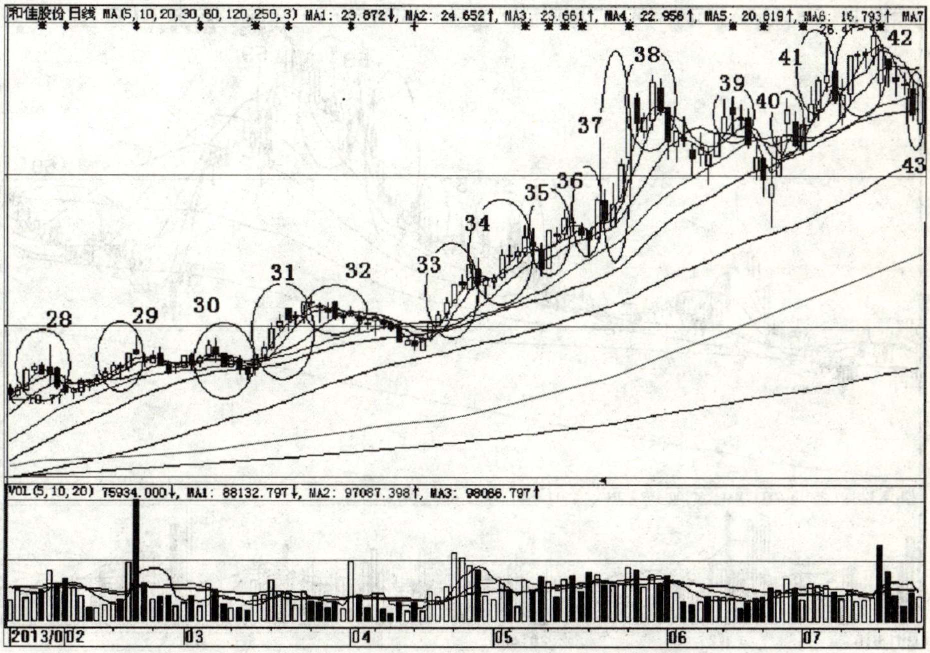

图 1-38　和佳股份 300273 后续走势图 3

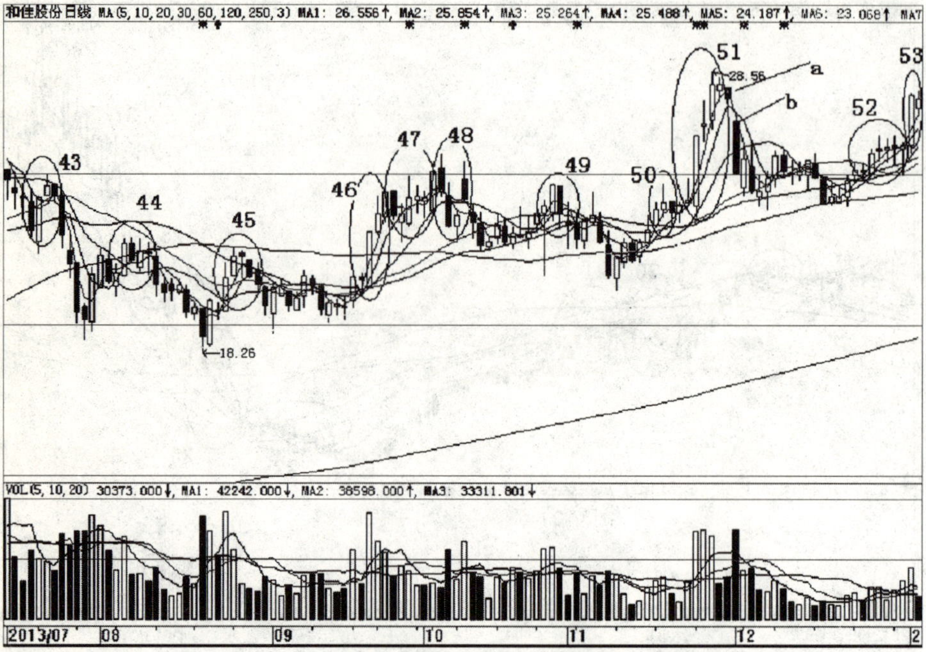

图 1-39　和佳股份 300273 后续走势图 4

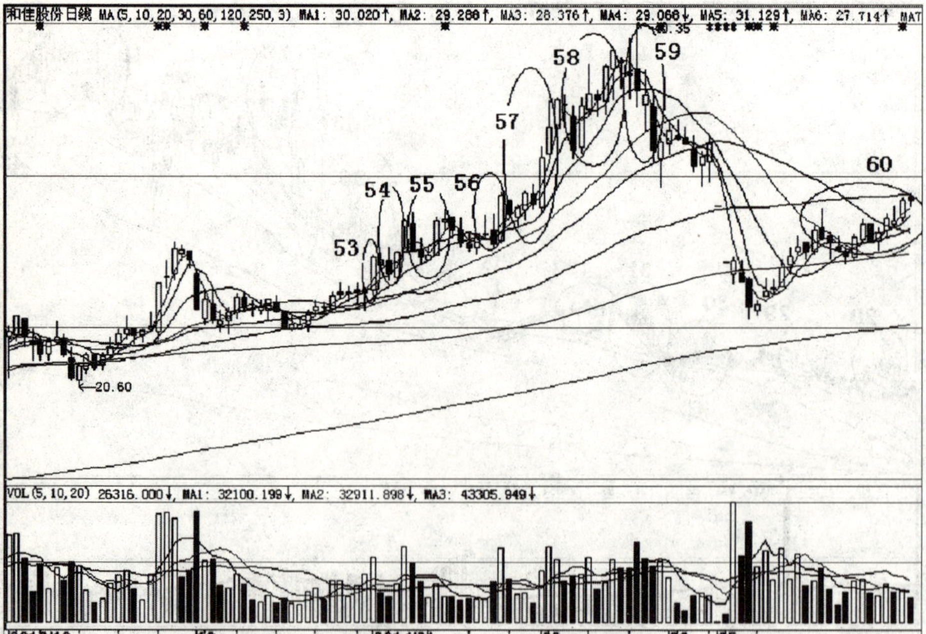

图 1-40　和佳股份 300273 后续走势图 5

60 区这里是什么信号，你也知道吧？

第一股讲了阳光电源。通过第二股可以了解到，市场没有新鲜事，走势没有新鲜走势。盈利是什么？就是将正确的操作方法在走势上重复。

当然，通过这么细致的日 K 线之旅，相信同学们对所谓该看时看、该买时买、该卖时卖，都有了初步认识，剩余的一股开能环保留给同学们先自己看看，班长就不讲了，下一节再讲。同学们先把第一股讲解看一遍，然后对着讲解把第二股和佳股份，像班长解读阳光电源那样过一遍。

第二章

买入的策略

- 辩证主升买点与操作思维
- 买入的逻辑
- 取舍的艺术

第一节　辩证主升买点与操作思维

人，出发久了，走得远了，容易忘记出发心。所谓“不忘初心，方得始终”。那么，我们这本书的“初心”是什么？学习怎么决战翻番次新股的方法。

目前为止，我们都讲了什么呢？所讲所学为我们达到“决战翻番次新股”的最终目的，起到了怎样的作用和意义呢？

第一，要想达成翻番的目标，应该先怎样？

通过学习，我们知道了目标只是目标，我们需要找到通往目标的路。所以，在决战翻番次新股这个目标上，为了达成此目的，我们知道应该先认识狼、观察狼，然后学习猎杀翻倍狼的方法。

第二，要猎杀翻倍狼，应该先怎样？

需要学习猎杀翻倍狼的方法。我们知道要猎杀翻倍狼的前提，是需要先认识狼，进而区分狼，否则不知道猎杀的是狼还是熊。然后再通过观察活跃区前后特征，总结猎杀的特征和方法。

第三，要怎么猎杀翻倍狼呢？

通过学习，又通过上一章中的日 K 线之旅，我们认识了狼，并能区分狼与熊，我们了解了狼出没的大致节奏，并知道了什么是狼、什么是熊，以及明确我们要的是狼，而不是熊，决不在熊上多留一秒。

第四，狼出没的大致节奏是什么？

通过观察、学习，我们了解到狼出没的大致节奏，从熊的不看一眼，到够资格看一眼，再到满足关注，最后到符合操作，我们做到了先在方向上取胜，再到细节上决定胜的是否更漂亮。

不过，我们的目标是什么呢？这个不能忘，我们是要猎杀翻倍狼的。那么，通过观察狼的大致运行节奏后，我们需要做的是根据所观察到狼的运行节奏，来制定猎杀它的作战部署，也就是这一节和下一节的内容。

行文至此，可能有同学急了，班长能不能直接讲重点？甚至能不能干脆、直截了当地讲讲什么样的次新股是可以猎杀的翻番狼呢？事实上，我们不是没有学习，我们从第一章的学习目标开始问，貌似越问离翻番的目标越远。实则不然。我们不是没有成长，而是在扎根，扎那种不仅能疯涨，还可以抵得住狂风暴雨的根。

这里把上一章落下的开能环保的日 K 线之旅给补上。

第一，开能环保之所以能被我们看，是因为它是次新股，这是我们的首要条件，也是同学们后面学以致用时必须记住的，首要条件就是必须是次新股。这个雷打不动的条件是不能变的，变了它就不是本书的内容了。

否则，庖丁杀狼的刀法你学的再精，上去抱着个熊去按杀狼的方法杀，到时候你分解不了它，埋怨你学的刀法不实用就不对了，因为你用错了地方。

而对于次新股的定义，前面说过："严格意义上的次新股是一年之内，但是次新股往往因为上市后就遭到爆炒，而爆炒之后的回归调整需要很久，所以班长对近几年上市的都可以算次新股。尤其是上市后连续大跌后一直在低处反复震荡、徘徊夯实整理的。"

第二，该股上市后持续下跌，尽管我们更喜欢上来就持续涨的，但是对于大多数同学来说，持续涨的，往往留给大众炒手的准备时间少，尤其是反应不机敏的新手。所以呢？这些上市后就持续大跌的，往往是大众炒手更好的选择标的，因为它给了你充足的时间去了解它、等待它。记住，最好的未必最适合你，最适合你的则一定是属于你的最好的。

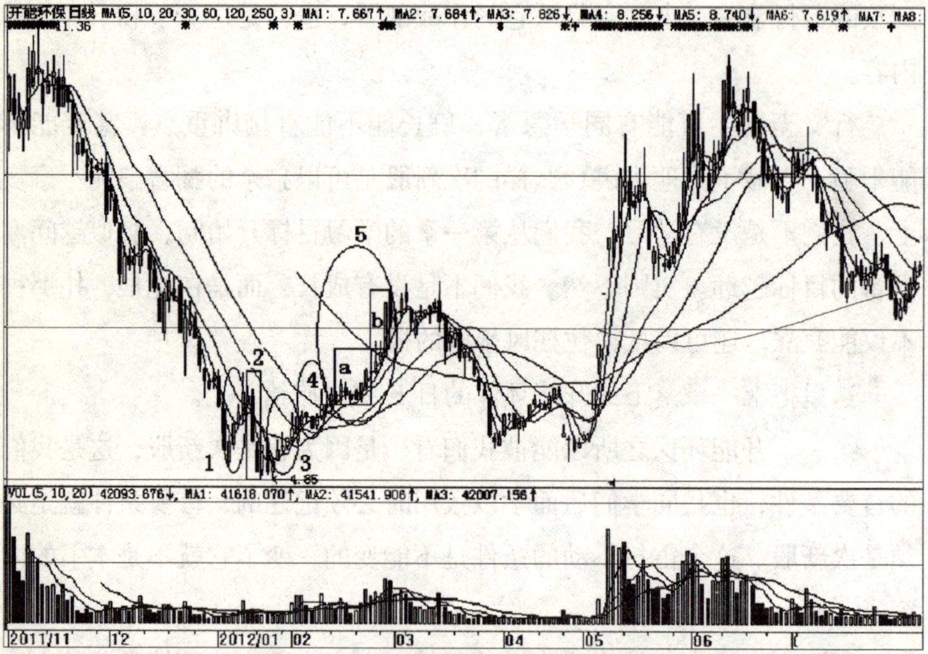

图 2–1　开能环保 300272 日 K 线图

比如它跌时，给了你休息的时间。

当它 1 区出现止跌信号时，给了你看一眼的机会（图 2–1）。当 2 区再跌，吞没掉 1 区的止跌阵地后意味着生命终结，你继续休息。当它再出现止跌信号 3 区时，你再看一眼。当它转为上攻信号 4 区时，又给了你关注的机会。

通过你关注，等到了 5 区的买进机会，享受到了拉升的欢乐。

这种步步为营的推进走势，让大众炒手更有机会骑上，而那些上来持续拉升的，大众炒手往往是稍微一犹豫就拉几个涨停了，刚从犹豫中决定果断进去，进去才感受一下拉升，还没有来得及感受炒股的乐趣，就一夜回到解放前了。

第三，我们看 5 区中的 a、b 处。5 区这一波拉升分为 a 缓升段和 b 主升段。缓升段和主升段的分界线是一条均线，且是现有的唯一构成阻力的均线。

可能有同学会说，班长是要说均线怎样怎样吗？

你先别急着总结，看书时你就专心地看，记住有这种情况存在，正所谓碎步儿慢行走千里，不是每一步都要登天的，也不能每一步不是登天的你就不登了。

在上一章中，班长说暂时忘掉周K线，目的就是希望同学们先纯粹观察，再结合起来综合考量。那么，专心看完，班长也没有说那唯一均线一定是什么，但是我们可以综合来看看是怎么回事。这里回忆我们在周K线上看到的过顶新高后出现的加速，如和佳股份。1区过顶后出现主升段（图2-2），2区过前高后出现主升段。

当然，你别又如获至宝的问班长，你意思是什么什么吗？

班长唯一能肯定的是班长不会给你任何肯定的标准，你也别期望班长给你某个绝对的标准什么的。

因为股市是一个没有标准的地方，所以你别以为这是万能钥匙。更

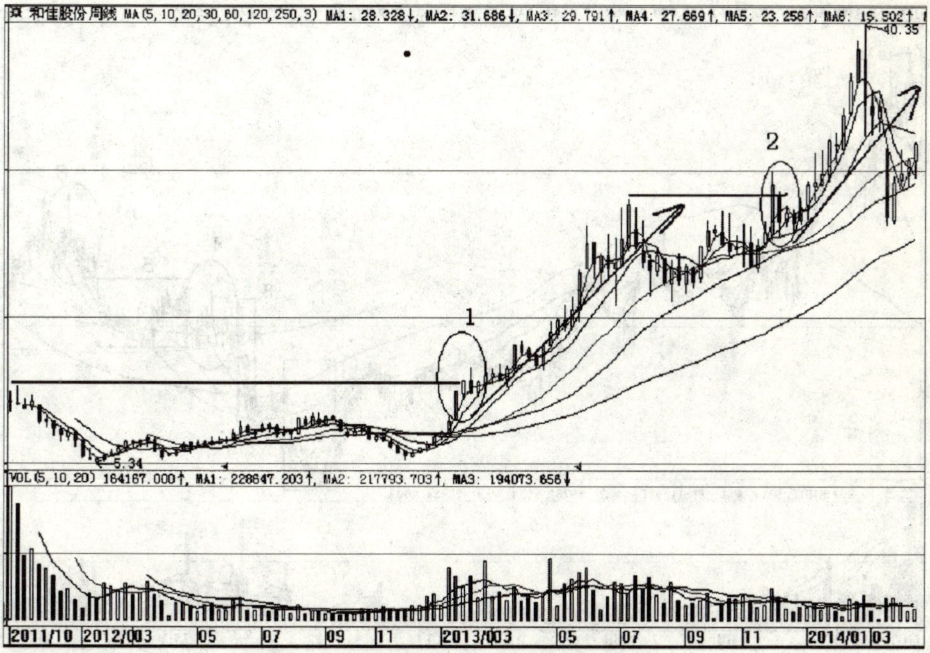

图2-2 和佳股份300273周K线图

不需要多想，你只需要观察到新高出现的特征，然后记住这些特征，成为以后我们综合判定的考量。

当然，你要做一步延伸思考之问。比如，知其然（新高后加速）知其所以然（为什么新高后加速了呢）。

无论你是不是说清算旧账之类的，都无所谓，关键是这样的思考有效，而前面那自以为是万能钥匙的思考则是毒药。

我们接着来看开能环保。

第四，走势逃不过“穷则变、变则通，通则达、达则久，久则穷……”的逻辑。

走势是周而复始的，是一轮又一轮的涨跌起伏、兴衰循环……

1 区止跌信号出现（图 2–3），出现后看一眼，看它这一眼是看它能不能就此构筑阵地，还是吞没止跌阵地。发现 2 区巩固阵地后不是向下吞没 1 区，而是上攻 3 区，所以上升到关注级别。3 区拉升关注后出现

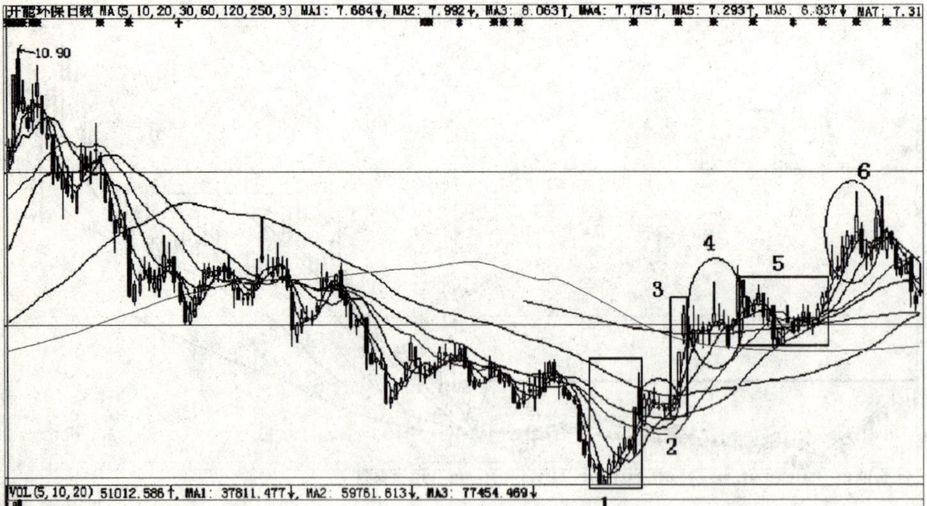

图 2–3　开能环保 300272 日 K 线图

回调支撑，回调支撑后再出现4区的拉升，4区拉升后的下跌又使得股价打回原形，即5区。5区在交叉均线处同时也是4区的阵地边缘处获得支撑；获得支撑后再度推高，推高后出现拉升波6区。

注意看6区的拉升波，是拉升过前高4区之后加速的。说到这儿，也许有同学会说，这岂不是永远在等待突破和回调观望的路上了？

不是所有回调和震荡都是值得关注的，有的回调只是配得上你看一眼，比如止跌后的2区，有的是需要关注机会了，比如3区突破后的4区，这是有本质区别的。

我们接着进行开能环保的日K线之旅。

第五，6区之后并没有持续大涨（图2–4）。

6区之后突破了4区和5区，但并没有持续大涨，所以再次提醒我们，涨势不知道什么时候就终止了，需要随时做好应对涨势终止的准备，也要具备随时应对涨势结束的意识。

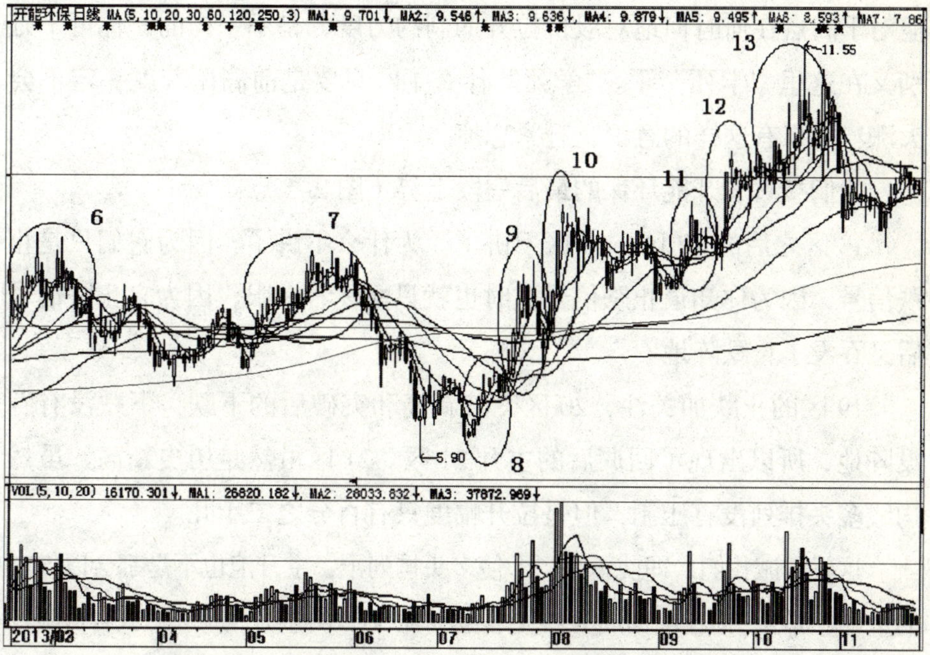

图2–4 开能环保300272日K线图后续走势图1

当然，我们究其原因，也不是找不到，甚至有的高点不是预料不到。比如，6 区面临上方的阻力区，那里有大批的旧账需要清算。所以，7 区未能展开持续拉升，并不意外，也合情合理。包括 8 区、9 区之后的 10 区，虽然再创新高，但还是未能持续拉升，11 区之后的 12 区还是如此，12 区之后的 13 区依然如此。

无论你再能预料，也不管你预料的多么神准，都应该随时做好应对涨势终止的准备，一旦出现下破，你应该放弃一切主观想法，让你风险意识的能力发挥起来。

另外，对于 13 区这里，不同的是 13 区这里创出了历史新高。经过关注，虽然新高，但未能守住，这就像冲上阵地又被打下来了。当然，如果是操作，新高后回调买进，这里就要有不涨反跌的意识，有了这样的风险意识你才会有应对风险、控制风险的方法。

经过开能环保这一段日 K 线之旅，我们发现 6 区那里之所以上不去，是面临高点阻力区的压制。虽然高点的压制对股价有着制约作用，但对于高点在何时何地对股价拉升的制约力度，是不一样的，你可千万别又在这里“学死”了。“学死”什么了？只要是前高压着就一定不会大涨！如果有这样的意识，赶紧忘掉。

我们接着看开能环保的最后一段走势（图 2–5）。

13 区之后的 17 区、18 区不讲了。为什么不讲了？因为它们只是止跌信号，因为你知道止跌信号这时也就只配你看一眼，因为它止跌信号后又吞没了止跌阵地。

19 区的止跌加关注，20 区突破新高和突破后的下跌，下跌没有吞没阵地，所以出现了回调后的主升 21 区。21 区虽然是历史新高、虽然均线多头排列没有压制，但是拉升幅度只有百分之二十几。

这就告诫我们，即使新高、即使多头排列了，主升浪也不是都会以 50% 的呈现。那么，你在前面周 K 线上看到动辄 50% 的主升，应该怎么看待呢？

那只是告诉你主升的肉很有希望、很肥，但不是绝对的标准，千万

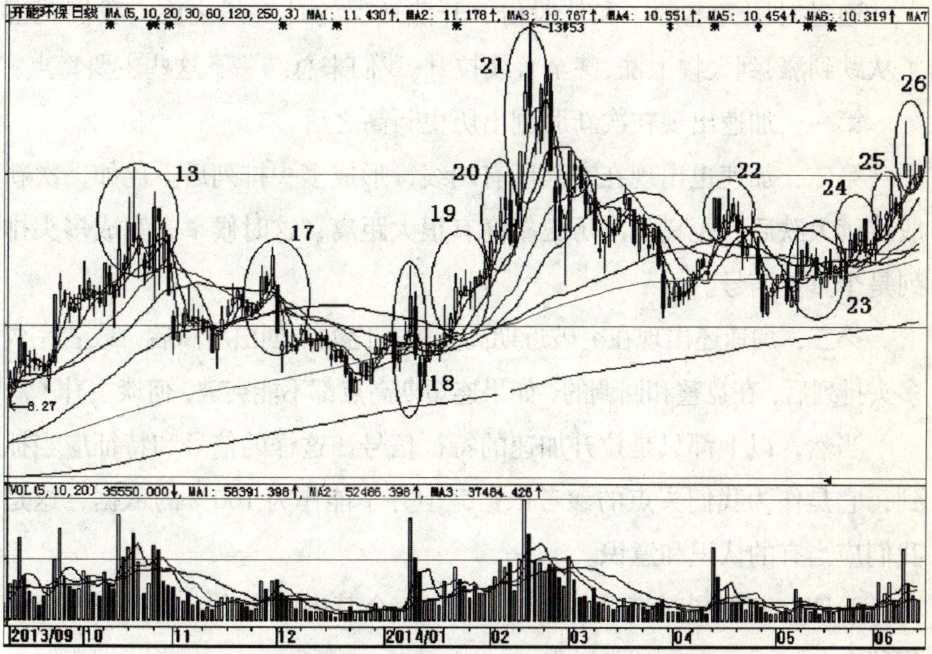

图 2-5 开能环保 300272 日 K 线图后续走势图 2

别学成把自己的意识套死了。

所以，在你的脑海里，千万别用多少幅度来套死你的操作思维。班长教给你的是生生不息的方法，是可以成就一个独一无二的你的火种，学了它可以把你的梦想目标点亮，而不是某种可以复制梦想目标的标准模具。如果你是一只狼，班长教给你的是把你引向满是羊的大草原。

22 区的止跌信号出现，你看一眼，看它能不能守住，结果它守不住，那你就继续观望。23 区再出现止跌信号，你开始看。

当从止跌信号到 24 区的再推高，上升到关注级别。

随着阵地的整固，股价继续推高，25 区的收复前高，22 区失地，收复失地后的调整是买点，但是之后股价并没有大幅拉升，小涨到 26 区，挑战前头 21 区。这里关注什么？

关注主升的信号出现，或者说关注主升的信号是否出现。什么是主升信号？

通过对阳光电源、和佳股份、开能环保的日 K 线之旅，我们观察了从跌到涨，到大幅上涨，甚至直线拉升。我们来总结一下这些主要特点：

第一，加速出现在次新股创出历史新高之后。

第二，加速也出现在突破所有均线，形成多头排列后。比如，次新股持续大跌后，距离创出历史新高有很大距离，这时候率先完成多头排列是个重要信号。

第三，加速还出现在突破近期高点后。比如，创出新高后，或者完成多头排列后，在盘整和回调的，如果连短期高点都不能突破，何谈主升了。

当然，以上都只是拉升加速的特征信号，这样的信号和特征应当抓到，它是作为我们买点的参考依据，但并不能作为 100% 的依据，这是我们应当有的认识和意识。

第四，若能同时满足 1+2+3，或者三个其中的两个，效果当然会更好些。

事实上，这些是次要的，重要的是通过以上学习，你对操作的认识，以及你的操作意识，应该发生根本性改变，而不再是幼稚的、贪婪的、片面的、盲从的……

总结完这些，我们去看看例股，究竟是不是这样加速的，也通过更多的例股，让总结更饱满。

第一股：三丰智能 300276

如图 2–6 三丰智能所示，1 区的拉升持续性之所以不如 2 区，是因为 1 区那里有最后一根均线阻力；3 区的拉升持续性之所以不如 2 区，是因为 3 区在 2 区的拉升基础上，遇到了阻力 A 区；4 区的拉升持续性更强，是因为 3 区释放清算了 A 区压力，但又之所以没有后面的 5 区拉升持续性强，是因为 4 区当时面临着上市的历史高点 B 区。

以上所述总结起来就是两句话，都是上涨情况下，谁没有均线压力或谁的均线压力少，谁更持续；都在均线之上多头排列了，谁面临的压

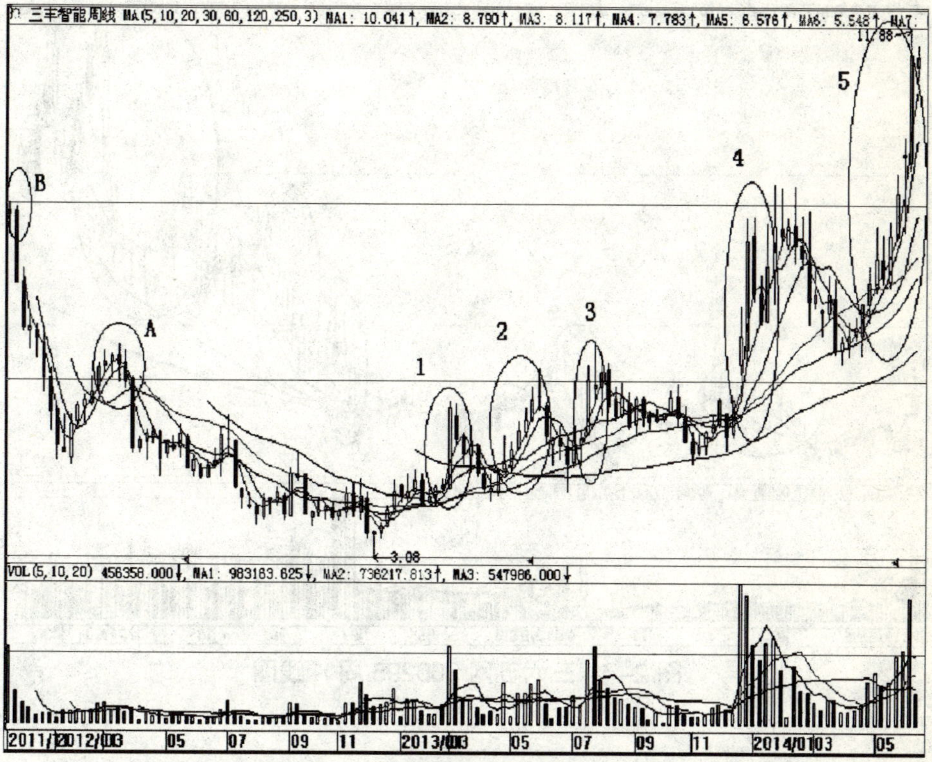

图 2-6　三丰智能 300276 周 K 线图

力少，谁持续。

第二股：三六五网 300295

如图 2-7 三六五网所示，1 区多头排列后拉升并不是多厉害，没有突破前期高点。2 区虽然新高，但是新高后的拉升也并不是多厉害，释放前期高点套牢盘压力后，反而是下杀洗盘，杀到了 2 区之前的阵地边缘才止住。3 区再次突破均线、突破新高后才展开 4 区、5 区的主升浪。

通过图中的 2 区，你应该再次反观一下自己的意识，即便是多头排列、即便是历史新高，也未必有多大的主升，有了这种意识，在操作中万一遇到子弹卡壳的，或者炮弹是哑弹的，你也能从容应对，而不至闹出刻舟求剑、缘木求鱼的笑话。

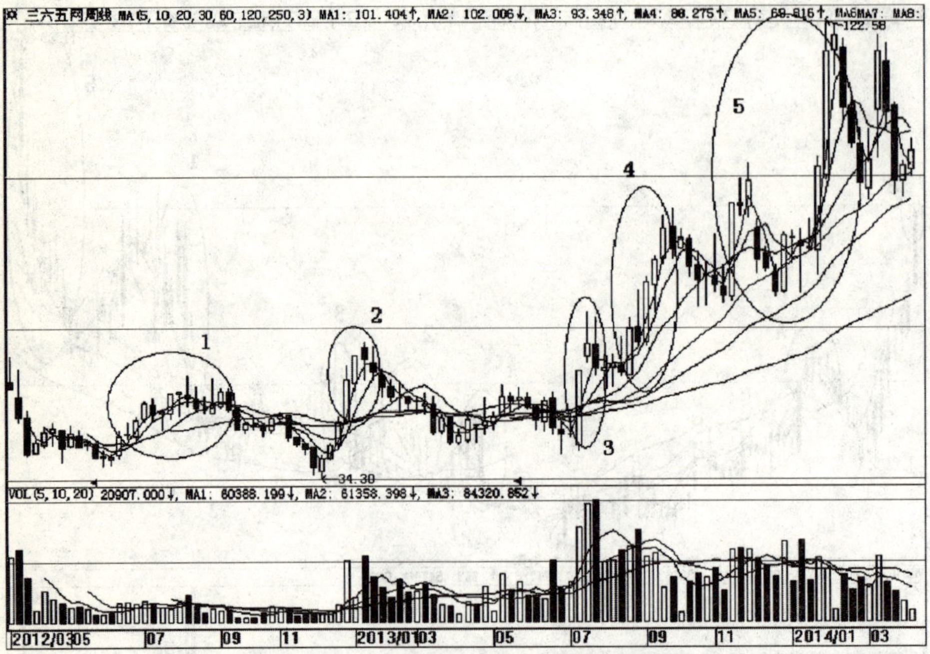

图 2–7 三六五网 300295 周 K 线图

第三股：和晶科技 300279

如图 2–8 和晶科技所示，通过观察和晶科技我们再次发现，新高后未必有加速，但是加速一定是出现在新高后，而不会出现在新低后。

所以，我们所学的不论是这节的特征条件，还是前面的节奏，都是保证我们方向正确，而不是一个必定获利的绝对标准。必定获利的标准，或者说必然不败的标准，来自于方向正确基础上的操作。操作的标准是下节的内容，在标准出来前，如果不学好方向，或者说班长讲了你记不住，到时候你拿着班长教的牛刀去杀鸡杀熊，是逮不到的。

第四股：华昌达 300278

如图 2–9 华昌达所示，该股既满足均线多头排列又新高的，结果新高后的涨幅不一，而没有达到多个条件并列的却出现更好的表现。这就再次提醒我们，我们所学的不是绝对标准，也不需要绝对标准，更没有

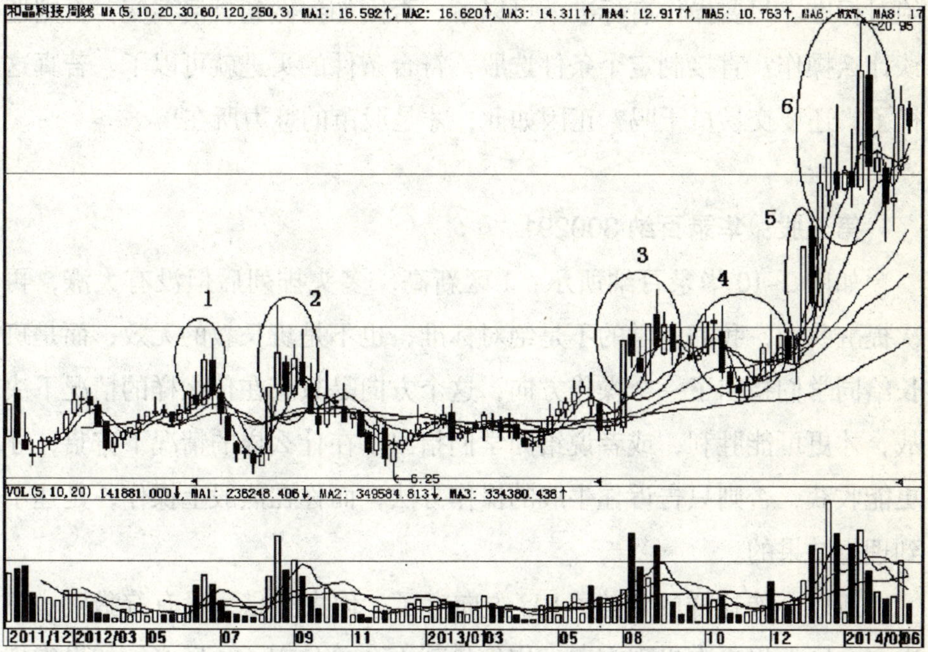

图 2-8 和晶科技 300279 周 K 线图

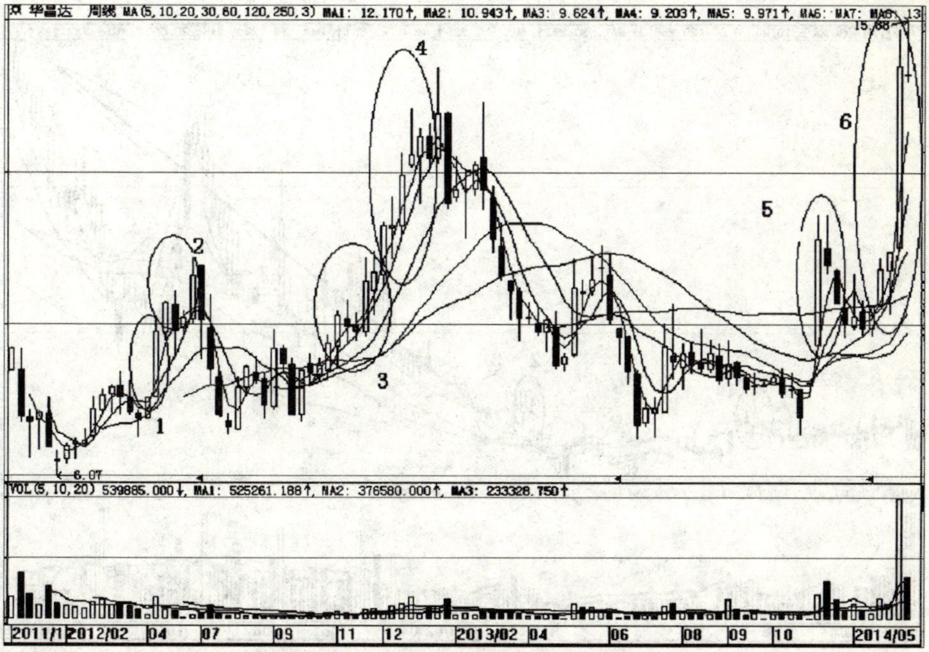

图 2-9 华昌达 300278 周 K 线图

绝对标准。只要操作有标准就可以了，否则如何做到灵活多变？否则还谈什么操作？直接制定个条件选股，符合条件的买进就可以了。若真这样了，还要交易员干吗？正因如此，才是股市的魅力所在！

第五股：华录百纳 300291

如图 2-10 华录百纳所示，1 区新高、多头排列后但没有大涨，再次提醒我们，我们所学的不是绝对标准，也不是班长教的无效，而是班长给同学们指出了一个操作方向，这个方向是只有在什么样的情况下决战，才更可能胜利，或者说给同学们指出了在什么样的情况下狩猎，才更能收获，否则只告诉你牛股的操作方法，而你在熊股上操作，是达不到理想结果的。

所以，像这样的走势，1 区方向有了，你去狩猎，没有狩猎到；下次在 2 区那里再次出现方向，你狩猎就不会总是空了。反之，如果你抱怨 1 区让你白干了，什么也没有猎到，下次你不按照这样的方向了。那

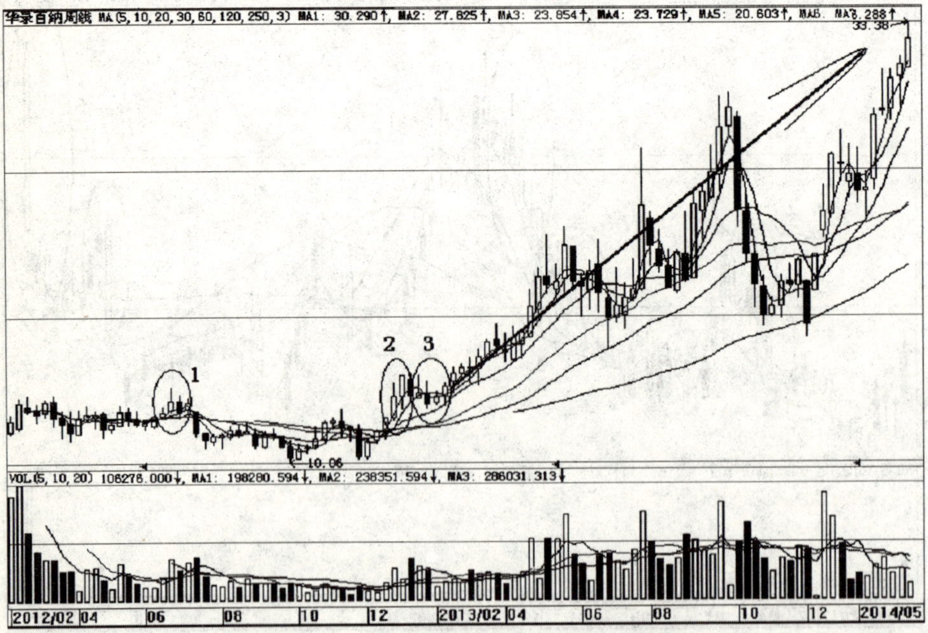

图 2-10 华录百纳 300291 周 K 线图

你按照什么方向？是抢下跌的刀子吗？

第六股：蓝英装备 300293

如图 2-11 蓝英装备所示，看 1 区、2 区、3 区、4 区的走势，还是我们上面总结的，构成条件后的拉升未必是加速主升，但加速主升一定是在出现构成拉升条件后。方向性的、战略性的意识一定要有。

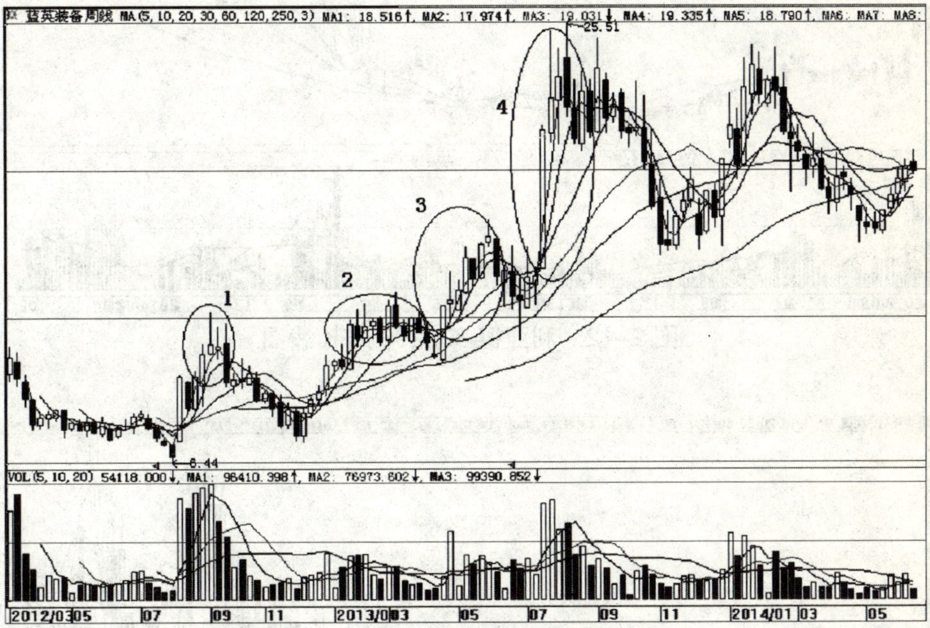

图 2-11　蓝英装备 300293 周 K 线图

第七股：利亚德 300296

如图 2-12 利亚德所示，加速主升出现在什么位置？多头排列、突破高点后加速。

第八股：荣科科技 300290

如图 2-13 荣科科技所示，2 区出现前所未有的大阳线。前所未有的大阳线是出现在什么位置？前所未有的大阳线是出现在多头排列、1 区新高之后。

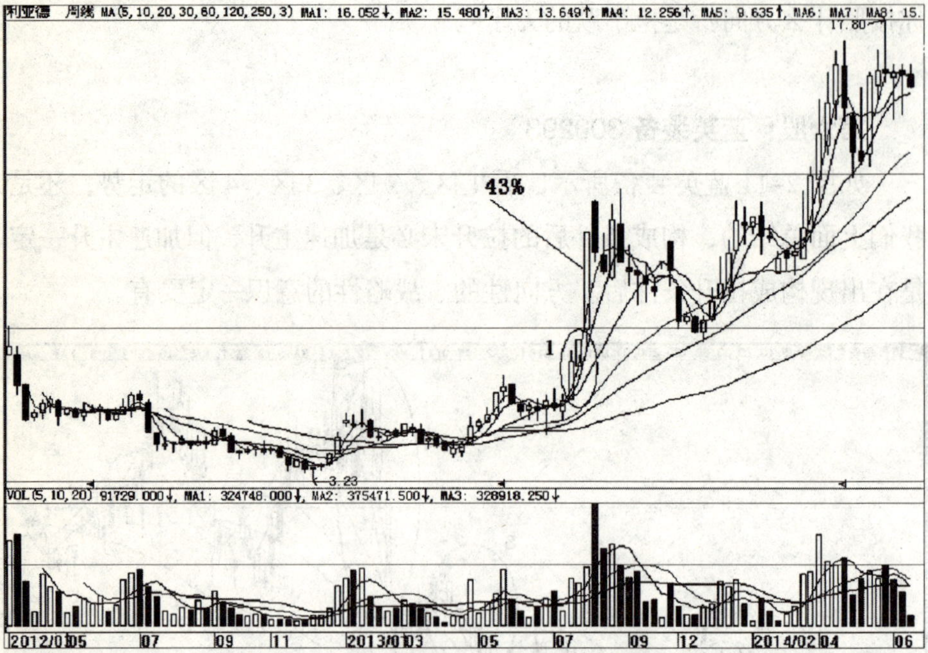

图 2-12　利亚德 300296 周 K 线图

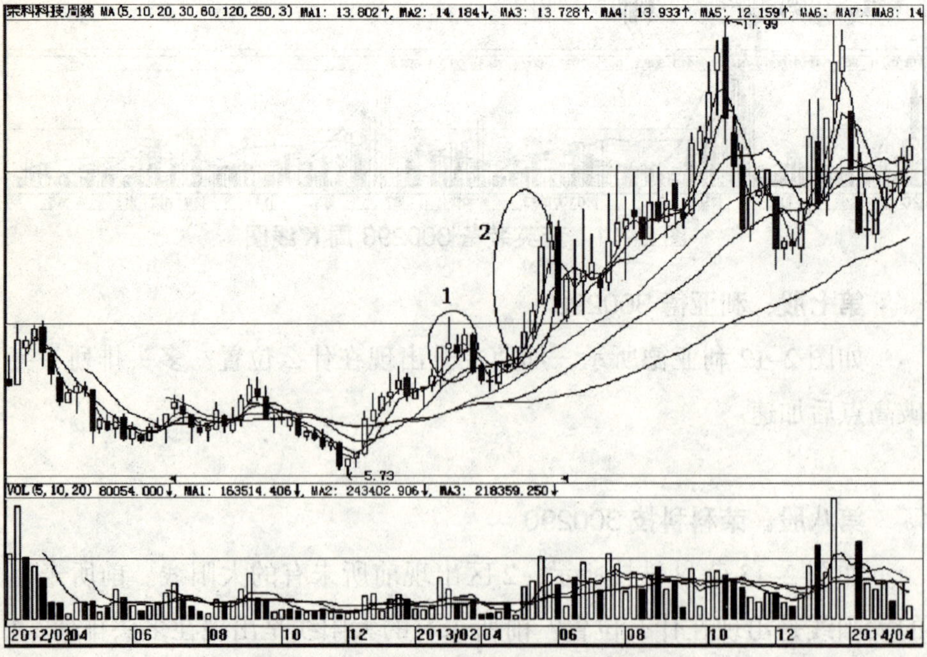

图 2-13　荣科科技 300290 周 K 线图

第九股：吴通通讯 300292

如图 2-14 吴通通讯所示，1 区之前的走势可谓是一涨三跌，或者涨三跌三，反反复复地震荡，是消化左边的压力带。

当然，你可以看得懂这旧账压力带，也可以看不懂。但是，对关键点在接近前高情况下，不能不注意到。

当然，1 区这里加速拉高了，但也不难发现 2 区这里之所以突破，有重组消息的成分。但是，2014 年 1 月 11 日发布业绩下滑的利空消息，走势却是逆势放量拉升的，紧接着 1 月 14 日停牌，这些逆着利空消息蜂拥而上的买进说明了什么？

所以，你可以没有灵通的消息，但是运行在走势间的资金有灵通的消息，你只需要看懂走势就可以了。

同样，你可以不会很多知识，但是你只要学会了这几节班长所讲的在方向上赢得战略性正确就好了。在方向上你能保证对了，那么在班长讲完买点的操作标准，你就能走向次新股的翻番之路。

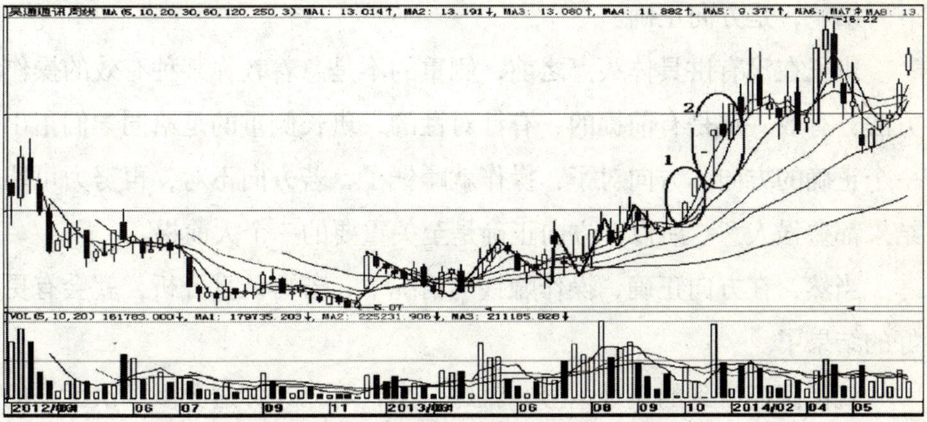

图 2-14 吴通通讯 300292 周 K 线图

给同学们留两道题：

（1）把最后这些周 K 线股上的知识点，总结到刚才开能环保后的 1、2、3、4 区里。

（2）自己回头观察、琢磨一下这些符合条件的应当怎么买进。

第二节　买入的逻辑

这一节是关键的一节，在讲这一节关键的具体买点之前，我们得回顾前面究竟讲了什么，又学了什么。

有同学可能发现书翻了 1/3 了，可还是不会买、不会决战，班长说不要紧；也有同学可能觉得，对于选股条件有点儿糊涂，班长说正常；还有同学可能感觉好像他只会看牛熊，只知道什么时候该看了、能看了，班长说这就足够了。

为什么不要紧？为什么正常？为什么足够了？

前面的内容看起来非常之多，可一总结，不难发现班长每节只有 1~2 个关键点。的确如此！事实上，那么多例股，那么多问题，那么多展开，就是剖析两个关键点，让同学们真正认识到它们的重要性。

第一，是方向正确。

班长在没有讲具体买点之前，侧重的不是急着教你某种有效的操作方法，有效一定是有前提的、有针对性的，班长侧重的是给同学们指出一个正确的方向，方向对了，操作就赚钱了，若方向不对，再努力可能结果都差强人意。所以，方向正确是至关重要的一个大前提。

当然，在方向正确，操作赚钱的情况下，若再认真分析，就会有更好的结果了。

就像我们讲到的止跌信号，就这一个，可以让你避免多少次无谓的激动追涨？让你减少多少次无效的操作？避免多少次下手过早的止损？

当做到没有追涨，没有无效操作，没有过早下手时，意味着什么？就是大道至简，稳定盈利。

所以，你还不会操作，班长说不要紧！你别着急不会操作，你把已知的方向能看对了就够了。

第二，是选股条件。

选股条件事实上是方向的深层次延伸，是从宏观的上涨方向到微观的买点方向。对于选股条件，一是历史新高，二是均线多头排列，三是收复近期高点。如果你还不是非常清楚，那也没关系，只要方向对了，对于这几个条件究竟是单独存在，还是该 1+2+3 并列存在，都不重要。因为在正确方向下，已经不会错了，无非是对多少、赚多少的问题。

接下来只用一只股来讲解说明，一只股更精简，也免得让同学们觉得复杂。

千山药机 300216

如图 2-16 千山药机所示，1 区出现大幅拉升，你看到它不会再激动的追涨。因为你知道目前的方向仍然是向下的，而 1 区不过是一次向下趋势中多个止跌信号当中的一个。对于 1 区的大幅拉升，你知道是止

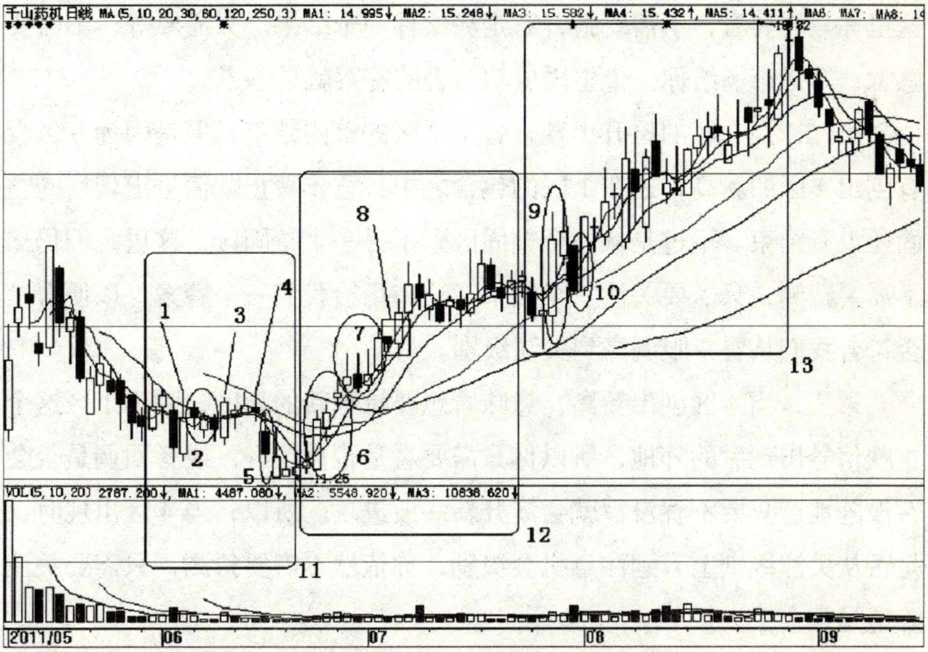

图 2-16 千山药机 300216

跌信号而已，所以你也没有心态上的喜或悲。之所以心态好了是你认识到了，是你知道止跌信号的出现不意味着会扭转跌势，即便止跌信号出现后巩固阵地成功也不过是从看一眼升级到关注。所以，你不会把有限的精力浪费到无谓的猜测上。因为你知道，与其猜测，不如把有限的精力放到那些不需要猜测、已经确定的走势上。

经过 2 区的震荡整固，出现了 3 区的拉升。但是 3 区的拉升并未刷新 1 区的高点，随后在 4 区那里创出了新高，当你刚要关注阵地是否守住，因为它是否守住关系着是否从“关注”级别上升到“注意机会”级别。结果出现了 5 区的吞没阵地，所以你随着走势调整而调整，走势走弱了，就下调到观望吧，就像走势走强了，从看一眼调整到关注一样。

当然了，如果 5 区这里不是下跌，而是整固不破，进而推高到新的高度，把这里变成阵地，那你就真得把关注调高到注意机会了。

我们针对这段走势来看几个问题：

第一，在 2 区没有走出来之前，谁也不知道会不会吞没 1 区，所以这里你只需要看，不需要猜，看走势给你一个结果。只需要等，不需要感觉，等待市场给你一个整固成功与否的答案就足够了。

第二，当 3 区的拉升出现宣告了 2 区的整固结束，但是因为 3 区没有创出 1 区的新高，还在 1 区的包含之中，意味着止跌信号出现后的整固还没有结束。不过是从一个整固区到了另一个整固区，这里我们仍然不需要猜测，只需要关注一个结果，让市场给我们一个答案，以便看是否符合我们从看一眼调高到关注级别。

第三，当 4 区创出新高，意味着想要拉到新的高度，脱离 1 区这个止跌信号出现后的阵地，所以你只需要看是否会拉升，或者回调是否会吞没阵地，只要不吞没，就会展开新一波进攻。所以，当 4 区出现时，是否从关注级别上升到注意机会级别，你依然不需要猜测，只需要关注阵地是否会丢失。

第四，在随后的 5 区，走势随即吞没了 4 区新高前的阵地 3 区，也吞没了4区新高前的1区高点的阵地，意味着一小轮走势气数已尽，既然气数已尽，有何可惜的？又有何值得留恋的？毫不留情地走人。

我们再来看下一段走势，即6区、7区、8区：6区出现止跌信号，持续拉升并创出之前4区的高点。瞧一眼看看，看看止跌拉升这一段的阵地能否保住，也就是7区这里是怎样的走势，当时是不知道的，需要瞧瞧看，是震荡整固，还是说向下去吞没6区。

如果能保住阵地不破，意味着你可以上调到关注级别。当7区那里震荡不向下破，并再拉阳线突破整固区，整固区成了新的阵地，这意味着从关注级别上升到了注意机会级别，随即出现8区回调，果断买进。

或许有同学要问，8区这里回调，班长怎么知道它不会跌破吞没7区阵地的？

班长不知道也不能保证，但是8区这里的回调跟6区、7区那里的截然不同。因为6区阵地、7区阵地的层层推进意味着是进攻势了。所以，当进攻的势头确立时，你不需要猜测，只需要顺势而为。那么，7区那里不能买吗？当7区震荡时还不能确认会不会向下去吞没6区，但是当7区出现拉升时把7区的整固区转化成了新阵地，阵地上的阵地才保险，所以我们在8区下手，而不冒险在7区下手。

我们再来看下一段走势9区、10区：

9区这个拉升大阳线，收复之前失地并且创出历史新高，10区那里回调后再度拉升。事实上，这里出现了条件叠加，突破近期高点且创出历史新高，还是多头排列。

这里的9区跟6区或者1区一样吗？显然是不一样的。1区那里只是止跌信号，6区那里只是止跌后的多头均线，而9区这里既有收复前高，又有历史新高，还有多头均线。

所以，不是所有的股你都要从止跌信号看一眼，破了，观望；止跌信号再出现，再看的循环之中。因为确立的走势，不需要再繁琐的从看一眼，到关注，再到注意买点的层层递进，直接变成了关注是否新高，是否收复失地。关注到收复失地了，就直接进入注意机会。为什么比之前省了很多程序？因为这是在涨势的基础上。

涨势基础上，可以这么省心，你开始觉得从跌势里关注股太累了、太费劲了。事实上，这不就是前面的重点吗？大方向上看对了，也省了很多不必要的精力。

让跌自己去跌吧，让震荡自己去震荡吧，你只看符合关注级别，或者只看那些有望从关注上升到注意机会级别的，甚至直接只看出现注意机会级别的就行了。

所以，学到这里，前面班长讲那么多，你都可以扔了，记住这优选的“直接只看出现注意机会级别的”就足够了。

分析完这三段走势，我们再看看11区、12区、13区这三波走势有什么区别？最直观的是什么？是11区这一波中的阳线没有12区这一波中的大阳线多，而13区这一波的大阳线不仅比12区这一波要多而且还大。

还有没有其他区别呢？11区相比12区这一波，12区止跌信号出现后站上了所有均线，而11区这波没有；相比12区的站上所有均线，13区还多了创出历史新高。

这就是走势告诉我们为什么13区这波要比12区这波强，强在了哪里。所以，要优选，压力越少的品种拉升起来相对较轻松，是优选的最佳目标。

最后，我们来看看买点上怎么安排。11区这里没有买点就不说了。当然，你要问为什么没有买点？1区这样的大阳线如果能抓住岂不是也很好吗？班长只能说，当中间那一段最肥的还吃不完时，谁还在意这费劲的鸡肋骨头？

12区这里的买点是8区，对于买点的安排，我们怎么买？

为什么不是7区？刚才讲到了，去看阵地上的阵地那段。首先是假设涨势继续上涨的，而上涨中的下跌是不允许吞没确认涨势的那个阵地的。所以，在阵地最低点以上都是原则上的买进区域，而止损就是阵地的最低点。也就是说，9区这里最低点以上都是买进区域，9区的最低点是原则上的止损点。

那么，有两个问题出来了：

第一，如8区这里，只回踩了3日、5日线后就拉升了，并没有回调到7区那个确立新阵地拉升阳线的底部啊？

所以，上面说的只是原则买进区域，而要买进的参考，要用到均线，而均线的要求是必定要在进攻阵地生命线以上，经常用到的参考均线是3日、5日、10日、20日线。当然，如果30日线或者其他均线也在进攻阵地的生命线以上，也要纳入考虑范围。

像8区这里，你可以分3笔买进，3日、5日、10日线；像10区那里你也可以继续3日、5日、10日线买进，但是因为大阳线的拉升，20日线的空间，你要考虑跌到20日线了怎么办，所以你甚至可以分4笔。当然，你也可以根据5日、10日线几乎在一个价位，分成3日、5日、20日线，或者3日、10日、20日线，甚至你可以5日、20日、30日线。方向对了，怎么做都是对的，无非是对多、对少的问题。

当然，像10区这里，3日线买进多亏啊？等到20日线买岂不更好？

可事实上，当走势没有走出来之前，你是不知道它会不会跌到20日线的，如果只是回踩3日线后就绝尘而去了呢？毕竟这是拉升确立走势了的，不买可惜不可惜？可能有同学又要说，既然这样在3日线这里都买进好了？但是如果回调深到20日线了，你没法再买进不是很亏？

还有就是从3日线到20日线的空间很大，如果20日线那里支撑不住，向下破掉了生命线，你止损时的代价是不是太大了？

展开这一大段，实际上是复杂化了，其实只是给同学们举例说明操作中的得与失。鱼与熊掌是不可兼得的，你只需要在原则上的买进区域买进就对了，而要想锦上添花的操作时，不要只考虑好的一方面，也要考虑与好对立的那一面。相信你按照这样说的去考虑了，你就可以很简单地考虑出一个结果来。

如果你只停留在几日几日 K 线上，不考虑班长说的得与失，只想好的一面不想对立面，那你永远会觉得选择好困难，到底怎么买很复杂。若你能考虑得失后就会折中选择，不会出现顾 3 日线的此、失 20 日线的彼，也不会顾 20 日线的此、失 3 日线的彼。

具体来讲，原则上的止损是走势用实际行动宣告阵地生命线气数已尽，但是你需要根据你的入场成本灵活控制，如果入场点位高，等到气绝身亡时止损代价大，可以选择一个控制损失的止损点。这就像原则上的买进区域知道了，可不会等到阵地最低处了才买进。同样，生命线在那儿，但你还要控制你的损失不能太大，大了先离场，谋求再战。止损例子我们在下一节再展开讲。我们再看看千山药机的其他几段走势。

1 区是止跌信号，止跌信号出现后下跌，下跌没有吞没 1 区，进入 2 区的拉升，意味着进入关注级别。3 区那里再创新高后的回调，是随着再创新高，宣告 2 区成了新阵地，意味着级别上升到注意机会，而 3 区那里的新高后的回调正是机会。

当然，不是所有的买点你都不能放过，你是有权利放过的，你是可以优选的。

你想要既新高又多头排列的，那等到 5 区再下手也可以。不同之处是 3 区下手后的拉升速度，没有 5 区下手后的拉升速度快。

当然，有的同学会说，虽然没有 5 区快，但是比 5 区赚得多吧？

其实，你 3~5 区这段，人家 5 区那里才下手的，之前干吗去了？说不定又吃了一只 5 区这样下手后大涨的。

接着看千山药机的另一段走势（图 2–17）。

你从止跌信号 1 区开始观察，无可厚非。止跌信号出现后又下跌，下跌不破视为回调。当然，确立不破的是 2 区再度出现拉升。当 2 区再

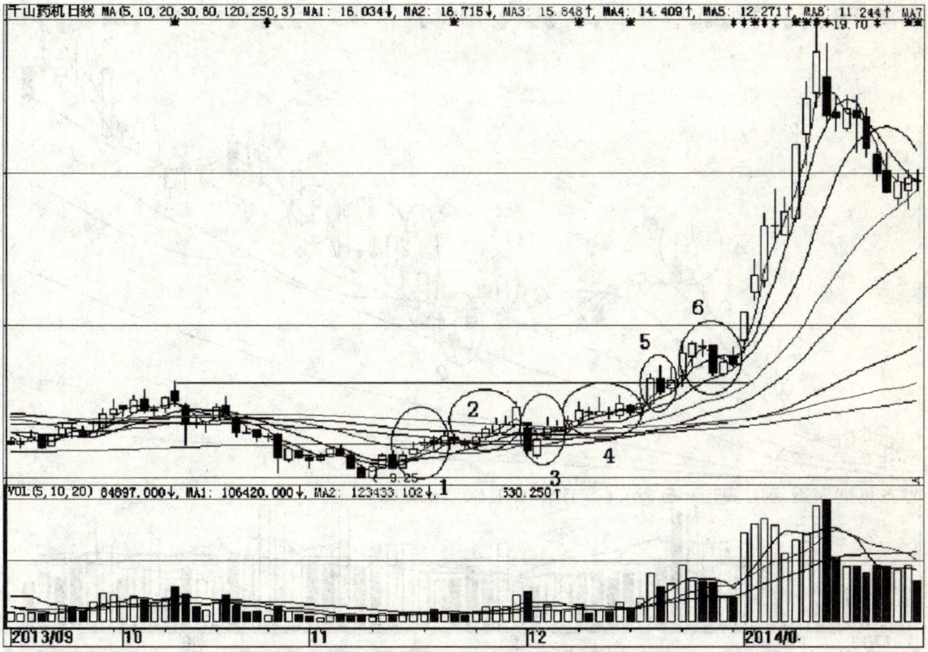

图 2-17 千山药机 300216 后续走势图 1

度拉升进入关注，关注什么？关注是否会守住阵地，是否会守住阵地的信号“能否再拉高”。

通过关注走势发现 2 区的阵地没有守住，那就走人。当然，它在没有吞没 1 区回到解放前的情况下，很快又重整旗鼓了，那你就再关注。你关注到 3 区收复失地的止跌信号，关注到 4 区突破前高 2 区，上升到了突破后的买点机会。

把握住机会在突破 2 区后的回调里买进，享受 5 区的拉升，但是你要优选了，就会等到突破左边的高点后再买进。前者看起来依然更赚钱，但是后者的效率更高。所以说，没有哪个更好，因为都是对的，就看怎么更适合自己了。因此，还是那句话，只要方向对了，剩下的就是赚多赚少的问题了。

再看千山药机的这一段（图 2-18）。

A 区之后，即使遇到 1 区这样的大涨，你也不会随便冲。因为你知

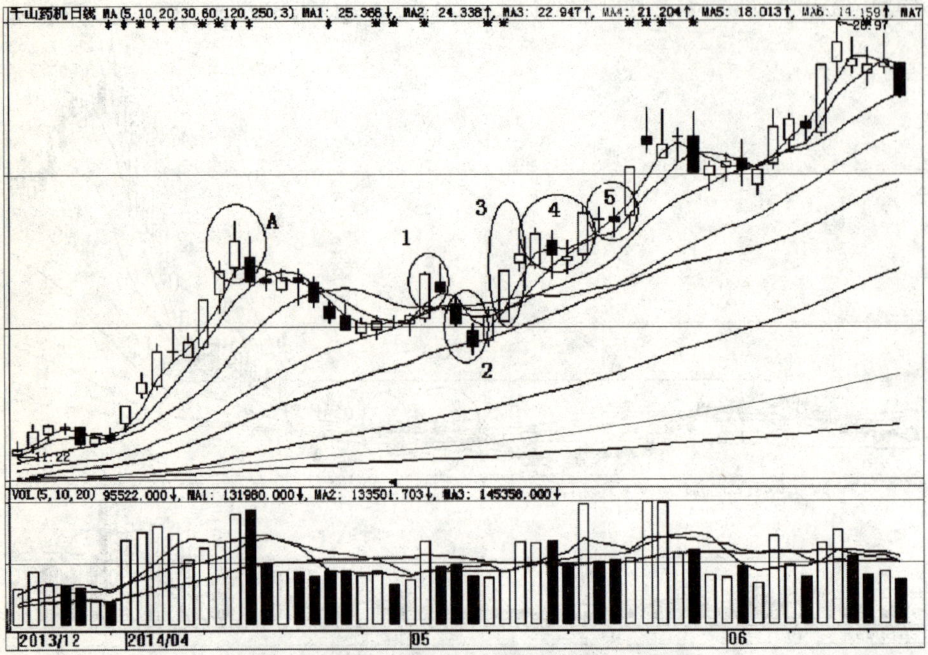

图 2-18　千山药机 300216 后续走势图 2

道方向，你明白它还不确定，目前只是止跌信号而已。随着 2 区的吞没，又推倒重来，当 3 区的再度涨停拔高还是没有突破 A 区，但是因为 4 区的震荡你进入了关注，当关注到突破 A 区高点，在 5 区那里出现机会才能果断抓住。

看似放走了 3 区的涨停和 4 区的拉升，太可惜了，可是它让你保证了成功率，这样的道理你是否知道？

通过以上讲解，同学们是否梳理出一个思路了？是跟踪 1~3 只次新股，从止跌信号开始看，反复做，大小通吃；还是选一批次新股 50 只左右，建立个次新股股池，专挑达到主升标准（条件叠加）的操作？

其实，这里你可以现学现用了，无论是方向上的，还是选择什么样的买点，只需要优选。挑肥拣瘦，不就是散户的特权吗？为何你不充分利用这个优势，将这个优势扩大，而非要跟专业炒手去比专业的操作能力呢？

翻番，在次新股中，在次新股的操作中，更大的在你眼中，更多的在你心中。这一节究竟讲了什么，还需要你看过之后做减法，在复杂繁琐的这一节中做做减法，想想核心是什么。最后，留个作业，同学们按照上面讲的把这个过一遍。

班长回答问题集锦

1问：班长，我们的例股开能环保，今日（2014年6月19日）出现了下跌走势，是否关注前阵地能否守得住呢？

答：第一，按照常规打法，这一波的第一个买点出现在哪儿，你找找；第二，优化买点有没有；第三，你说的关注守住守不住是为什么服务的，如果守住怎样，守不住怎样；第四，如果第一买点没要，优化买点没出现，这里关注的不是守住而是能不能突破和出现优化买点；第五，如果第一买点买进了，6月12日拉升后开始找止盈点了而不是关注破不破什么阵地。

2问：班长，002362在2013年7月中旬的最后急升到这个位置（图2-19），我不能把握，请指教。

答：汉王科技这一波不能把握，就不把握，不是所有都要把握到，把握能把握的，把能把握的把握好就很棒了。

3问：班长的标准，简单说就是5浪上升的第5浪买进，这样更容易理解。

答：总是在找标准，总是在想一劳永逸的法则。如同方向，能指出方向就够了，不要标准得非得经纬度多少，那样每走一步都要经纬度多少累不累？一旦你5浪，如果没有5个浪怎么办，而5浪不过是形容一种趋势，那么有没有形容趋势更确切的？抓住核心内涵就是了，至于被包装成浪还是波，让别人乐此不疲去。

4问：一旦在创新高的过程中出现了涨停，那么就要开始卖掉。

答：这都是在哪儿学的“标准”啊！少要标准的原因，就是一旦定

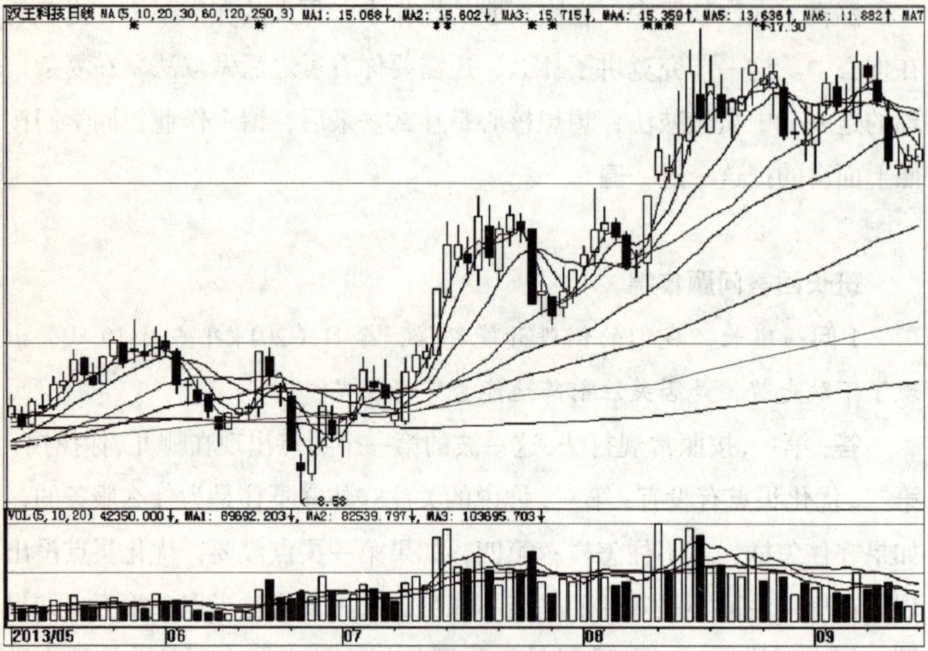

图 2-19　汉王科技 002362

下标准，就以偏概全了，就要不客观了。

5 问：可以参看 300028，还有上海钢联，一字板不卖掉，封死不卖。但是如果涨停打开，分批卖出呢？

答：那你还看看成飞集成呢？

6 问：我刚重仓，大盘就跳水了，真是要命的事。

答：要命的不是 7 成仓。都要你命了还不跑？要命的是你自己看着要命而无动于衷。可怕的往往不是损失，而是没有控制损失的操作。

第三节　取舍的艺术

我们接着上一节最后说的“要命的重仓”，也就是班长说的要命的不是 7 成仓。要命的是自己看着要命而无动于衷，可怕的往往不是损失本身，而是没有控制损失的操作。

事实上，我们决战翻番次新股，为什么在前面加上“决战”两个字？谁来决战？上一节班长也说过，翻倍不仅在股中，还在你手中、眼中、心中。意思是什么？

翻倍的是股，但那么多翻倍的股，为什么收益不翻倍？说明翻倍的是股，而翻番的利润需要靠操作来猎获，不然翻倍股跟你一毛钱的关系都没有！所以我们要决战，所以在我们手中、眼中、心中。如果这点儿辩证看待的能力和眼界都达不到，做好买卖就实在太难了。

因为，你不知道什么时候就被自己的思维套住了。跌了，跌有那么可怕吗？它哪怕每天跌 5%，连续跌 100 天呢？你把止损设在第一个 5% 不就好了，跌破走人。跌 100 天有那么可怕吗？因为跟你没关系了，有什么可怕的。

第一个 5% 你止损离场了，剩下连续跌，连个止跌信号都没有出现，你在场外休息的痛痛快快、舒舒服服，不知道有什么好怕的。

反之也是，就不能见点儿涨，一涨就慌。慌的不是觉得涨不动了，就是认为要跌了。

能不能少点儿主观的判断，客观的正视走势；给走势一点儿地位行不行，不要总想去驾驭走势。

让走势做回老大，你跟在走势后面有什么不好的？遗憾的是，太多操作者忘记了来市场是要赚钱的，迷失在了那种猜对走势的存在感上。

前面讲到的“标准”也是这样的情况。班长没有定标准，有同学老想着定个标准。而班长说的那些一定的、必须的、注意的，他却没有必须一定注意。

让你掌握方向节奏，你非要精细准确的经纬度；让你精确记好为什么不是 3 日、10 日线，而是 3 日、5 日、10 日线，你却无法清晰地记着为什么要这样。如果真要说这问题的根源，或许要扯到我们的教育背景问题了。这也是为什么一开始，班长就说让同学们先暂时性忘记所学所知、从零开始的原因。

班长不要求你跑多快，更不会要求你跑在我们进度的前面。就像我们的操作，不要求你去预测走势、先知一样的存在去跑在走势前面，而是跟上走势就足够翻番了。

我们来看上一节留下的汉王科技。

第一股：汉王科技 002362

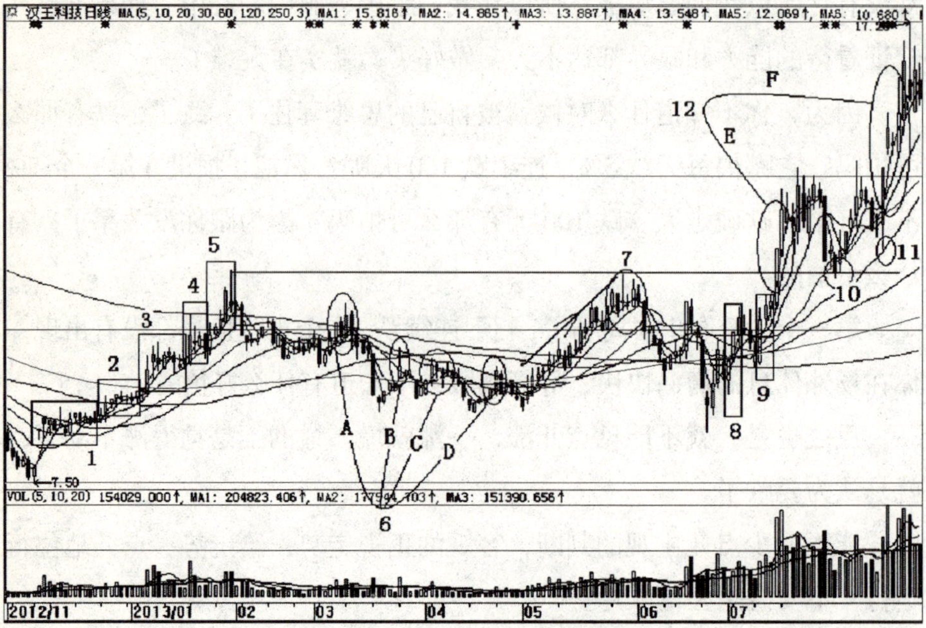

图 2-20 汉王科技 002362

如图 2-20 汉王科技所示，1 区止跌信号出现，符合看一下；对于止跌信号是意味着扭转了跌势，但是暂时性的，还是根本性的尚不确定，所以需要进一步关注；确认扭转跌势，但是不代表进入了涨势，所以确认后是关注，关注是否由止跌确认进入上攻确认。

2 区的推高，确认了 1 区的阵地，进入到关注级别。关注走势，看它是继续涨势，还是吞没阵地回归到跌势，这等于是对涨势的确认。当 3 区的再度推高，确认了涨势，也是确认了 2 区的阵地；都达到更高区域了，这里的阵地当然确认安全了。

关注后的阵地因为再度拉升而被确认后，达到了注意机会的级别，也就是3区那里拉高后的回调是买进机会。同样都是确认阵地，但是确认阵地的性质是不同的，这点同学们需要辩证看待的。比如：

1区之后的阵地确认，确认的是什么？2区之后的阵地确认，确认的是什么？

性质你区分清楚，才不会出现“但凡是阵地确认就是买点”这样的错误认识。

1区涨之后是止跌信号，之后的震荡需要2区上涨确认，2区上涨之后是确认了1区的止跌成功；3区涨呢？确认的是2区的涨势成功。

那么，1区拉升后的回调，2区拉升后的回调，3区拉升后的回调，它们都是回调,但回调跟回调一样吗？显然不一样,有的回调只适合看，只有涨势确认之后的才适合操作。

只有你知道了1区拉升后的回调，才是确认1区止跌有效；只有你知道了2区拉升后的回调，才是确认2区的拉升有效。当然，回调确认有效是靠后一波的拉升确认，所以在3区这波拉升确认之后，1+2确立了涨势。涨势里的回调不是机会，那什么是机会？

反之，在涨势没有确立的情况下，回调是回调，还是下跌，还生死未卜，能说是机会吗？所以，是关注，而不是注意机会。

3区的确认涨势后,在注意机会级别下,出现了买点。如果要买进，按照上一节说的3日、5日、10日线买进即可。如果有为何是3日、5日、10日线，而不是集中在3日或10日线的一个位置的问题，那就再看看上一节，能找到让你明白透彻的答案。

买进后出现4区拉升，拉升到阻力均线后下跌；下跌不破4区的拉升阵地后回升；随着回升创出高点，再出现5区的加速拉升。对于5区的高点，为什么会停留在这儿，先放这儿等后面再来解决。当然，5区之后没有继续再涨，但关系到卖点，是我们下一节的内容，我们这里先不展开，先假设见顶卖出了。那么，卖出后就回到零点，一切从头开始，进入下一个操作轮回。

对于6区的A、B、C、D处虽然有大阳线、虽然有急速拉升，但你不怕什么踏空不踏空了，你也不在乎是不是诱多了，你对别人的激情点评或者热切期望都毫无感觉。只是看一眼，冷冷地冒一句“呵呵”，因为你知道那只是止跌信号而已，并没有达到让你关注，甚至注意机会的级别，想叫你有所行动，走势就得走的更好看点儿，否则你才不会为它所动，更不会毫无理由的冲动。

7区这一波的拉升无非是重复止跌信号—拉升确认止跌—关注确认回调—拉升确认回调—拉升确认回调后注意再回调的机会。当然，这里要说的不是这无休止的重复这种节奏，而是这三个特点：第一，7区这一波整体幅度并不大；第二，拉升K线没有出现大阳；第三，7区高点停留在了5区高点这里，说明5区高点对股价有制约，但是5区高点停留在那儿，谁制约了5区？等一下讲完再回头来解决5区的高点问题。

关于止跌信号8区。8区之后的下跌，经过9区的拉升确认是为回调整固阵地，9区新高后的任何回踩都是理论上的机会。当然，这个班长就不再反复讲了，这里班长要讲两个要点，一是拉升过5区、7区高点一线后，拉升幅度及阳线大小明显比之前快了；二是10区、11区的回调恰到好处，都在5区、7区高点一线。

又是5区高点，每一波走势都跟这个高点一线有纠缠不清的瓜葛，看来高点的压制是我们亟待解决的。回忆一下，在前面我们了解过套牢旧账、清算什么的，那么5区涨到这里戛然而止是不是什么旧账呢？

5区戛然而止的高点，是不是老套旧账区？走势是摆在那儿的，不需要猜的，看看走势就知道了。

我们再往前看，发现跟5区高点同战线的，还有5a区，那5a区为什么停留在这儿了呢（图2–21）？接着再往前看，发现5a区对应着一个5b区（图2–22）。而5b区是之前一个下跌中继整理区，这里因为整理堆积了大量筹码。那么，在下跌中，5b区为什么能在这里挺住整理呢？

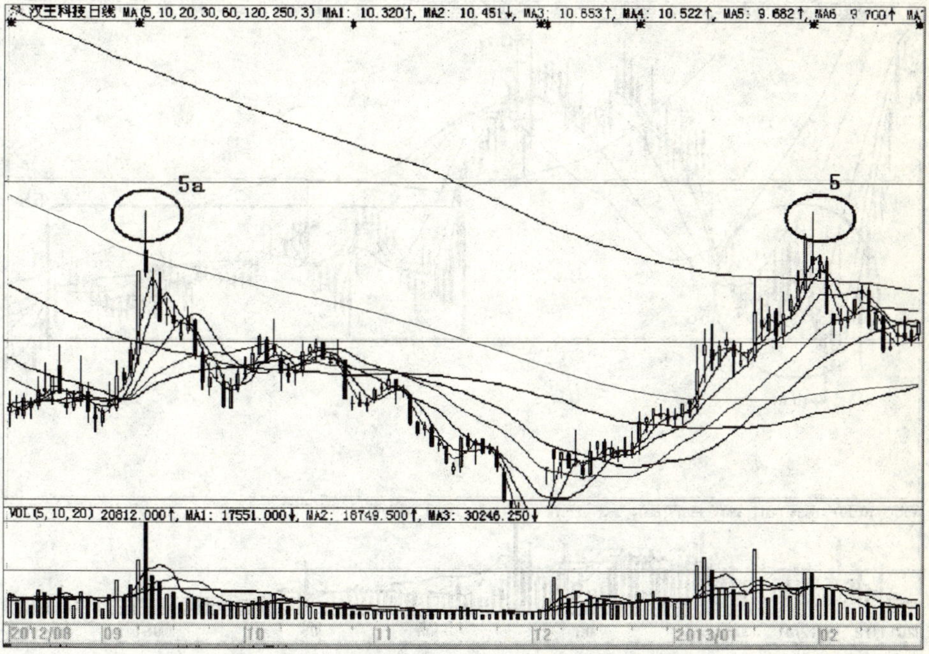

图 2-21 汉王科技 002362 后续走势图 1

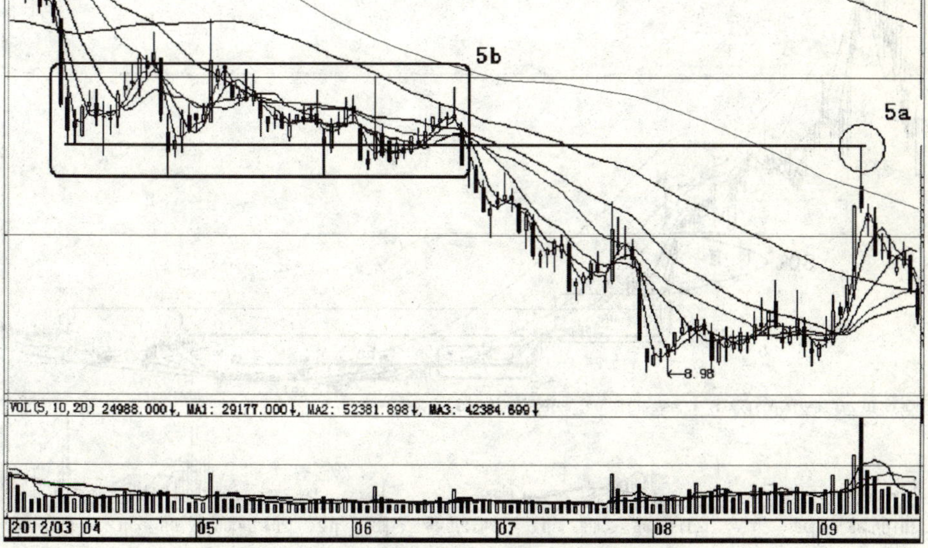

图 2-22 汉王科技 002362 后续走势图 2

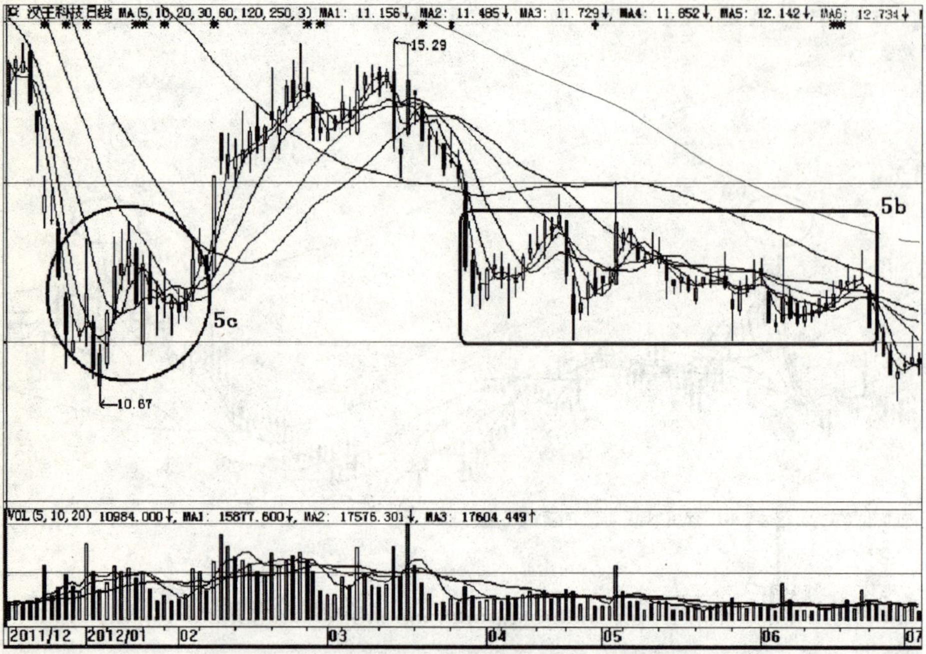

图 2-23　汉王科技 002362 后续走势图 3

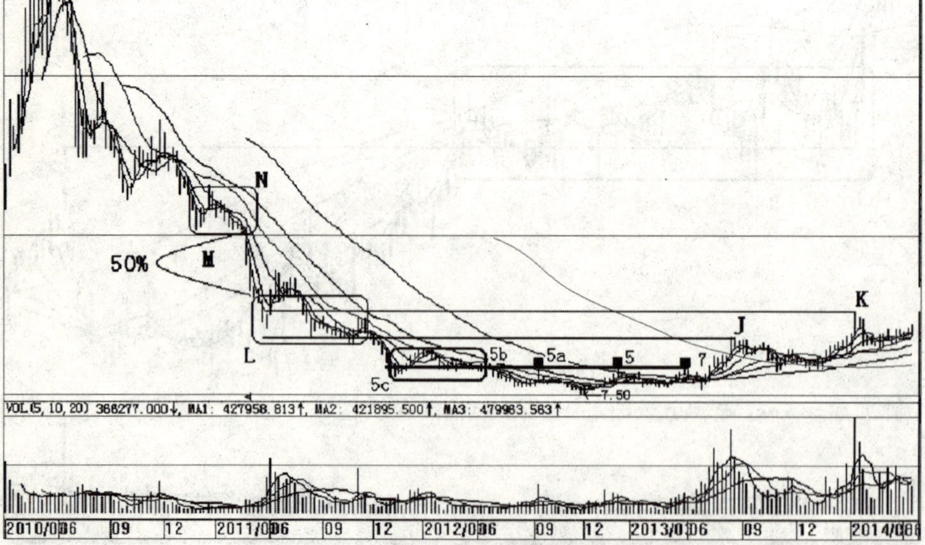

图 2-24　汉王科技 002362 周 K 线图

继续再往前看（图 2–23）。

5b 区原来对应着 5c 区，5c 区是之前一个下跌中的止跌信号，并以 5c 区为止跌信号展开了一波反弹。反弹结束，跌到最初的阵地后，在这儿挣扎了一阵子，也就是 5b 区的整理区。我们再到周 K 线里看一下格局（图 2–24）。

7 区、5 区、5a 区、5b 区、5c 区构成一个阻力带，过了这个阻力线后股价拉升立马加速。随着加速拉升的上行，在上行中的 J 点、K 点又对应了 L 压力区；K 高点之后的下跌，现在又走高了，如果再起重新收复 K 高，再次进入 L 阻力区的顶部，意味着将顺势杀入 M 区。

M 区是空的，不像 N 区、L 区那样有大量的成交堆积，而 M 区的幅度是在 50% 左右的。

还记得我们最初看的周 K 线吗？狼的活跃区、活跃度跟什么有关？当然，你别又急着把这当作涨到 50% 的绝对标准了。班长这里只是在给同学们说，股价在某个地方步履维艰，是有原因的，因为那里荆棘丛生。就像 5c 区、5b 区这个阻力区，后市经过了多少次纠缠才杀出它的束缚。

所以，要想涨的容易、赚的容易，就必须尽可能选那些摆脱纠缠、走出束缚的，才更可能涨起来容易，也才会更可能让你赚的容易。

关于阻力对股价上行制约的重要性，我们再通过几只例股看看。

第二股：我武生物 300357

如图 2–25 我武生物所示，A 区止跌信号出现，止跌信号出现后，阵地不破，关注 B 区，但是走势没有再推进一步达到。

注意机会的条件。2 区再出现止跌信号，随后再出现关注 3 区，4 区注意机会，但是 4 区之后并没有怎么涨。为什么？

是的。1 区高点制约了 4 区，这就像一驾飞机要起飞，在跑道上滑行完，马上就要起飞了，结果面前是一座山，都要撞上了，还怎么起飞的了？

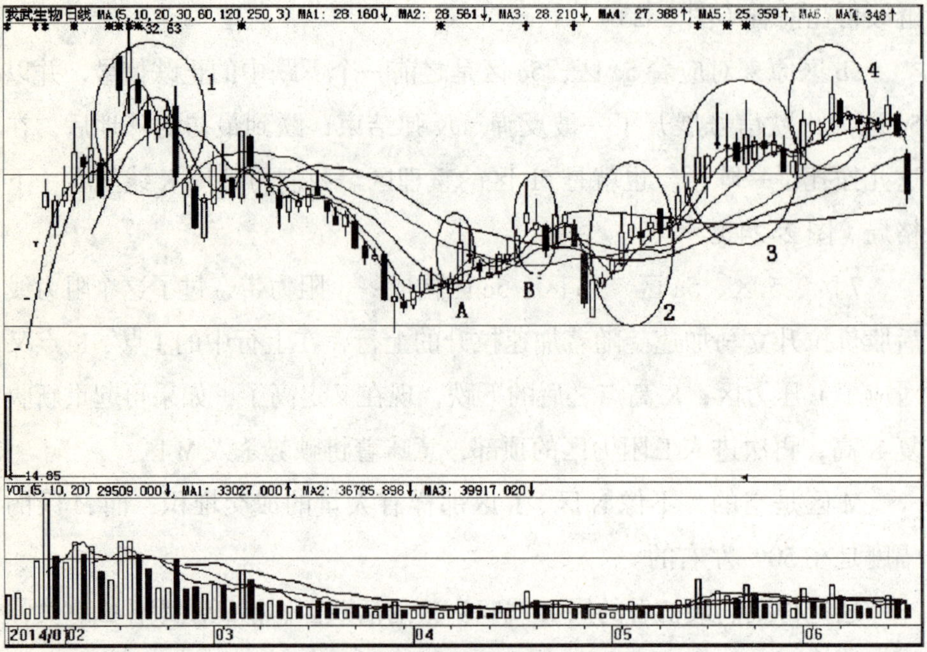

图 2–25　我武生物 300357

第三股：全通教育 300359

如图 2–26 全通教育所示，1 区后站不住，2 区的再拉高收复不了 1 区，同学们应该能把这些基本的看懂了吧？

4 区的拉升，收复了 2 区、1 区的高点，但是走势并不是多强悍，走的小心翼翼，不难看出是因为面对 3 区这样一个旧账套牢区。真的是旧账套牢区的制约吗？

你看看越过 3 区之后的 5 区拉升跟 4 区拉升，它们这两波的区别是什么？所以，你从 1 区持有到 4 区，两个半月时间，也没有 4 区之后进去半月的多。

从 1 区持有到 4 区，几乎没有利润，如果没有做个 T 什么的。两个半月没有利润，但是 4 区之后进去半个月 30% 有了，这就是方向的重要性、选择的重要性。

一边是两个半月没有利润，一边是半个月 30%。如果算两个半月赚

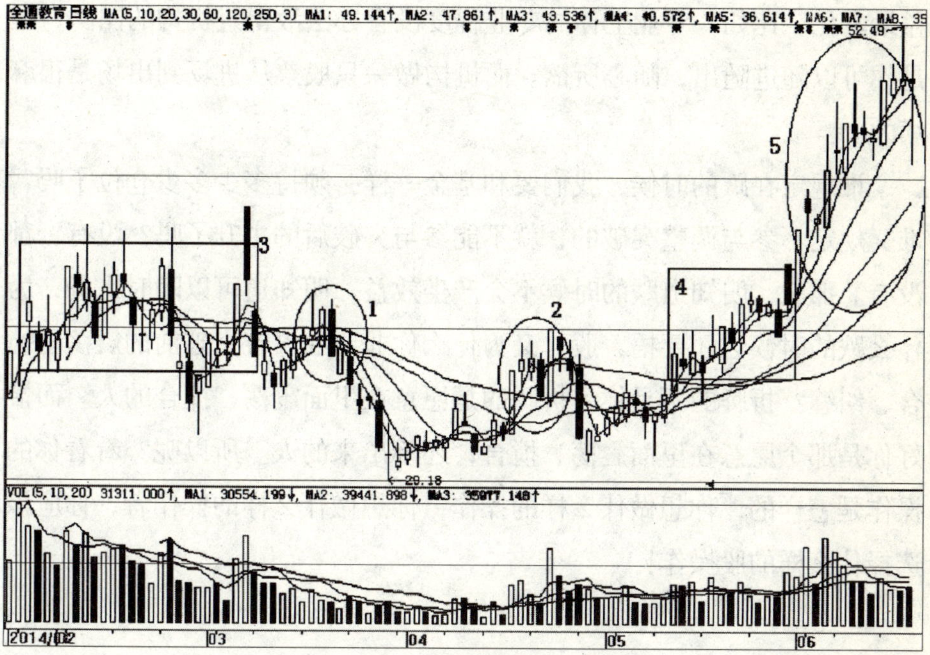

图 2–26 全通教育 300359

的跟 4 区之后的半个月一样多，那么有两个半月时间也可以赚 5 次了。如果算赚一次半个月的，你休息半个月用来选股，你也可以赚两三次了。所以你还会死耗吗？还会死磕吗？还有必要吗？

当然，事实上有这么理想吗？没有这么理想。理想哪儿去了？不是没有时间，不是不能随便选股，而是你把时间用到错误的地方去了。

就像同样的时间，有的人在持有 1~4 只这样走势的股，而有的玩家在做 4 区之后这类走势的目标股。所以，前者是在期待理想的走势，后者是在理想的走势中操作！

那么，回过头来到刚才汉王科技周 K 线图再看看，有的人在 5c 区、5b 区的阻力区里折腾，乐此不疲；有的人是专门挑突破阻力区后的那一段最肥的吃。

这个市场有不公平的一面，这是你我不能改变的。但是也有公平的一面，你总想把不公平的一面变公平，却从不想把优势的一面发挥到效益最大化。比如，专业上你的专业程度没有办法敌得过机构的团队，但是你可以随进随出，随心所欲。而机构做一只股票从进场到出场是很麻烦的。

谁规定在跌的时候，我们要和基金一样必须持多少多少仓位了吗？谁又规定不参与调整突破的，就不能参与突破后的主升了吗？没有，都没有。那么，明知道跌的时候不会产生效益，明知道可以随时入场，为什么跌的时候你还要捂着股？又为什么你非要在没有突破前的震荡里搅合、纠缠？折腾的不是你，折腾的是愿意在里面震荡、搅合的人。而恰好你是那个愿意在里面震荡、搅合，还不出来的人。所以呢？看看你的操作是怎样的，你想做什么样的操作，你想做什么样的操作者，你应该选择什么样的股操作！

第四股：博腾股份 300363

如图 2-27 博腾股份所示，按照 1 区、2 区、3 区的节奏，4 区是理论买点。为什么说是理论买点？

原则上是买点，但没有谁要求你必须在这里买进。虽然它是买点，但是不意味着买进后可以轻松突出重围。无论是 4 区的回调买，还是 5 区回调买，都面临着 A 区这个旧账套牢的大山。你那么自由，你可以那么随意地选择你想操作的股，你也完全可以选择等，或者选择其他此时此刻突出重围在买点的股，而没必要选择面前有一座 A 区这样大山的股来操作。

当然，你要选择等，意味着放弃了一些可能的利润。比如，同学们一看，4 区回调买进后的 5 区拉升，都要有 15% 的拉升了，挺可惜的。但是这段时间如果你操作其他突出重围的股呢？涨幅会不会更大？

突出重围的股在哪儿？你坐等，它是不会送到你眼前的。主力资金拉抬不容易，不自己去找，难道还要喊你上轿吗？想要更好的回报就要更多的付出。就像上面的全通教育，你懒得付出，甚至懒得连时间都不

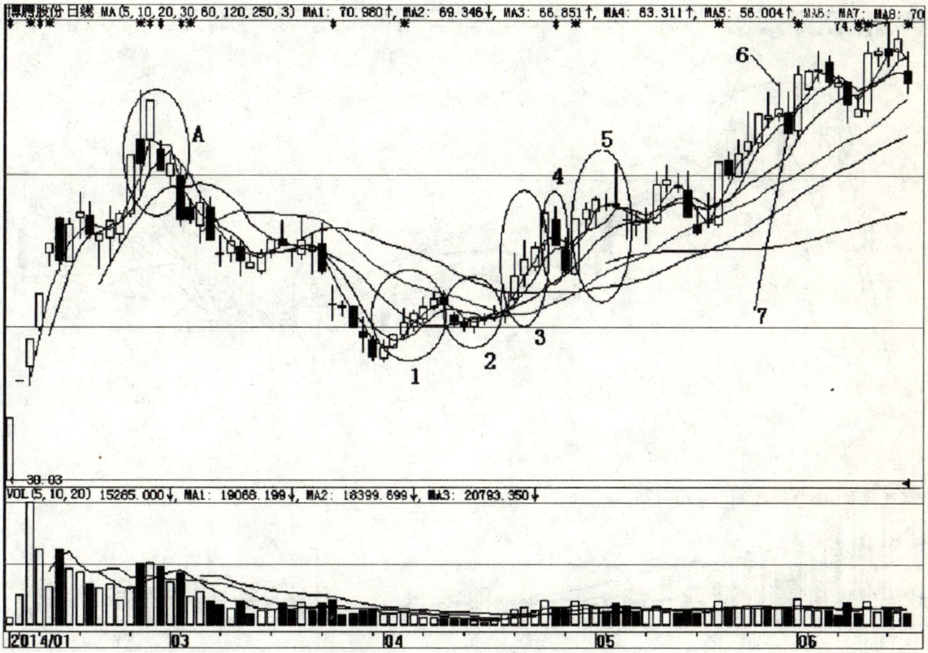

图 2-27 博腾股份 300363

愿意付出，那回报凭什么给你？

这是投资市场,需要“投入”的“资本”,不仅仅是资金这一块,精力、时间、心血,都是需要“投入”的“资本”。就像班长讲了更高回报的方法,你不肯为此方法付出实际行动，高回报自然是不会自己跑上门找你的。

第五股：创意信息 300366

如图 2-28 创意信息所示，1 区止跌回升，1 区冲出高点后回落，你往左边不难找出旧账套牢盘,原来是 4 区需要清算。2 区、3 区对应 5 区,对 5 区构成泰山压顶的是 6 区，所以它们符合理论上的买点，但是要不要买又是另一回事，因为你会考虑面前有没有大山了，因为你知道什么样的飞起来更轻松了。

符合买点的条件，但是未必符合你想要的，因为不是所有买点你都想要。

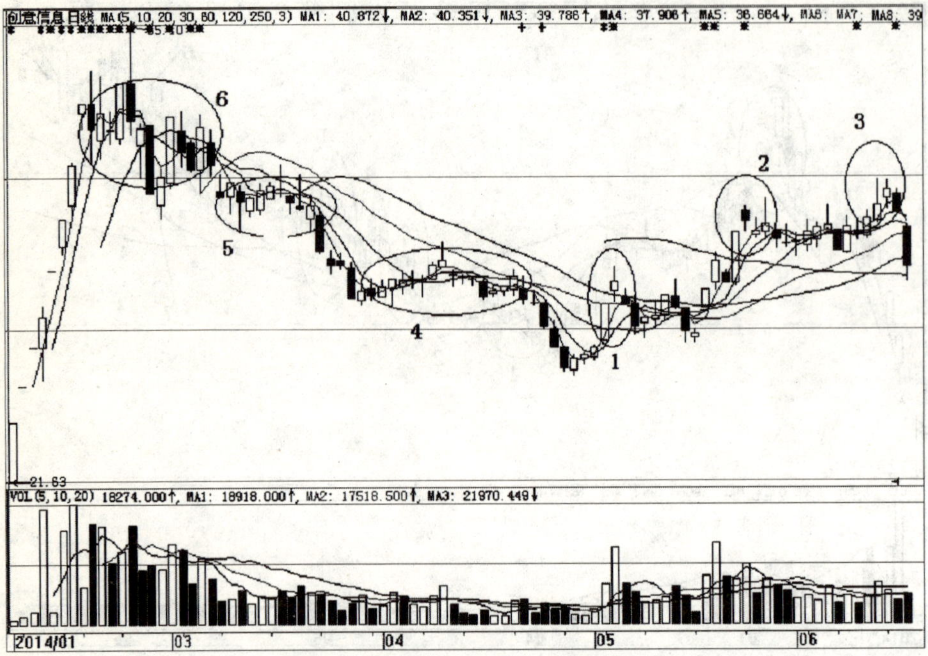

图 2-28 创意信息 300366

这就像股海里不光什么鱼都有，还有虾、龟、海螺什么的，假如总共有 100 种，但是你只想要其中的一种——鲸鱼，这意味着什么？

意味着你要舍弃 99 种，你不能舍弃虾时，想虾的鲜美而不忍。这个不忍，那个不舍，等你还没有见到鲸鱼就累死了。意思是说，想要 1 种，还想要 99 种，就不能做到一种出类拔萃。更何况股海这么大，次新股这么多，这又不是什么稀有品种，你为什么还坐以待毙拿着半死不活的股不去找更大的“鲸鱼”？

当然了，我们的鲸鱼有两种，在前面我们说了：

（1）加速出现在次新股创出历史新高之后。

（2）加速也出现在突破所有均线，形成多头排列后。比如，次新股持续大跌后，距离创出历史新高有很大距离，这时候率先完成多头排列是个重要信号。

（3）加速还出现在突破近期高点后。比如，创出新高后，或者完成多头排列后，在盘整和回调的，如果连短期高点都不能突破，何谈主升了。

（4）若能同时满足1+2+3或者三个其中的两个,那就是“上上签”的机会了。

也说了操作的两条主线，一是跟踪1~3只次新股，反复做，大小通吃；二是选一批次新股30只左右，建立个次新股股池，专挑达到主升标准的操作。

但是到了这里，经过汉王科技和全通教育的讲解，同学们思路应该更清晰了：一是可以不创新高，但是完成多头排列突破一个阻力区后，距离下一个密集阻力区有足够大的空间；二是创新高的。

当然，无论一，还是二，次新股是前提。无论是一，还是二，对于买入的方法，你还不会吗？确定好节奏，回调逢支撑进去，就这么简单。这就像狼的什么习性都掌握好了,狼窝都被你找到了,随便开一枪就好了。

书翻一半到了这里，同学们应该真正领略到翻倍股不仅是班长讲的这些，翻倍股还在你手中，而更多、更大的在你眼中，更在你心中。当然，翻倍股也不仅仅取决于它翻没翻倍、翻了几倍，还取决于你的操作！买只是操作的开始，还需要止损、持股和卖出。后面章节班长会陆续讲解持股和止损的策略。

班长回答问题集锦

1问：班长，次新股在你眼里什么概念？上市不超过多长时间？

答：次新股在班长眼里的概念，在讲解中明确说过两次了。所以，知道的同学知道就好了，让不知道的同学自己去复习。就像我们讲解的内容，不是直接告诉你买创新高的就行。

2问：选股思路可不可以用在老股上？

答：可以。但是次新股是优选，为什么决战次新股而不是老股，这是开头班长讲了的。

3问： 以前找不到方向，才这也想要、那也想要，结果什么也没要到。今天起专注一个方向，优选次新股中没有负担、跑得快的。

答： 是的。就不信那么多次新股里找不到个没有负担的。

4问： 问点儿具体的，例股我武生物是买点吗？

答： 新高在那里，旧账套牢的大山面对着，刚才讲的什么？

5问： 班长，这种股票不需要结合大盘吗？

答： 这也结合、那也结合就寸步难行了。只能说你想注意你可以注意，你不注意也没事，只要控制好自己的止损和持股就行。

6问： 汉王科技要考虑M区里面的一个小的密集成交区，则M区的幅度是否就不是在50%左右，要分开来算了？

答： 50%是从突破L区后的回调来看的，当然班长只是大致说明对于没有创历史新高的次新股，选择距离阻力区空间更大的来操作。所以不必纠结具体幅度是40%，还是50%。

7问： 有时候，一些股票出现1、2、3的节奏，然后4的新高回落时开始买入。比如，买入像班长那样的3∶3∶4，买入条件回踩5日、10日、20日线。但是不幸，马上就是破20日线，就全部止损？那这样下来，止损代价也不小，刚好全部入仓啊！怎么办？想开些？你和这只股票没有缘分，操作没有问题？

答： 5日、10日、20日线三点的距离和操作与其有关系，操作想做大级别的，就不允许展开的入仓距离太大，反之是可以允许的。所以，当展开战线大时，操作者需要知道用大战线换的是什么。不想当然，多用几个实例看看，更有助于理解。不是大收益的问题，跟股的实际情况有很大关系。

8问： 回踩5日、10日线买，止损位肯定是比10日线的值要低。

答： 不是肯定要低，有时候班长把10日线作为最后入仓点，也把10日线作为最后的防线，最后补仓都失败了就此别过。但有时候也因为入仓点距离很近，可以接受稍大点儿的波动范围，那止损就往下选择。

第三章

持股策略

- 优化选择　勘破止损
- 有舍有得　化繁为简

第一节　优化选择　勘破止损

转眼这书已经翻过去一半了，也许你仍然觉得稀里糊涂、似乎不知道学了什么？我们不妨回头看看都学了什么。

第一，操作的目的是什么？

操作的目的是为了获利，而获利需要通过良好的操作方法才能达成目的，获利的操作方法来自于什么？来自于学习。学习，无论是跟谁学习，或者跟市场学习，或者跟经验总结学习，根源还是要回到走势本身。

真正的操作方法、真正能让你达到取之不尽、用之不竭的获利目的是什么？不是别人的操作方法，而是你的操作。所以，学习不是来自于班长或者某人给你说怎么操作，也不是班长或者谁给你说操作哪只股，而是你能真正把操作方法认识了、理解了、记住了、尝试了、会用了、熟练了。如此，才能走出你不平凡的获利之路。

第二，区别狼与熊。

如果说第一是带同学们认识了学习的真正方向，那么第二就是带同学们认识了熊跟狼的区别，让同学们认识了狼、了解了狼、记住了狼，找到了操作方向，知道什么股才有利于自己达成目标，什么股可以看都不看。

第三，对活跃区、活跃度的认识和了解。

我们通过大量例股观察总结发现：①活跃度加速上升出现在创出历史新高后；②活跃度加速也出现在突破所有均线，形成多头排列后；③活跃度加速还出现在突破近期高点后。当然，还能条件并列的情况。

第四，围绕活跃区操作的认识和了解。

通过活跃区、活跃度的观察和了解，对走势的归类，有两条主线，一是跟踪 1~3 只次新股，反复做、大小通吃；二是选一批次新股，30

只左右、建立一个次新股股池，专挑达到主升标准的操作。

第五，对买点的优选。

是买点，但不是所有买点都让人满意。我们操作毕竟要的不是买点，我们买入是为了获利，如果不能获利的买点，或者说如果是不能满足我们获利预期的买点，那么这样的买点我们要它干吗？

所以，我们又通过了大量的例股，逐一去了解了各种买点。有的买进后折腾的挺多、涨的不多；有的买进后折腾少不说、拉升起来还快。

第六，对操作的优选。

在第五优选买点的基础上，我们明白了一个道理，有的股，选股省事省心，但是买进之后费心费神。有的股，选股挑肥拣瘦费心费神，但是买进之后省心。经过前面大量例股的观察和总结，我们发现了两种目标买进之后最省心：一是创新高的，尤其是刚过上市新高的；二是没有创新高，但完成多头排列且头顶面前没有一座大山，距离密集成交区有不错的空间。

回顾一下上一章的四只次新股我武生物、创意信息、全通教育、博腾股份，就知道为什么全通教育、博腾股份大涨，而我武生物、创意信息没有大涨？

答案显而易见，前者新高，后者未新高，每走一步都面临重重阻力。当然了，为什么班长不在一开头就抛出两个优选条件，干吗展开这么多繁琐的例股，直接给同学们说按这两个标准来操作，然后围绕这个讲不就好了？为什么费这么大劲，举这么多例股，这就像吃水果，班长说那个绿的别吃是酸的，那个紫的别吃有毒，那个蓝的少吃略酸，那个橙的不够甜……说了一大堆，你知道酸究竟是怎么个酸味吗？紫的有毒究竟是怎么个毒法吗？

只有你尝过了，你才知道不够甜究竟是怎么个甜，略酸是怎么个略酸；也只有你了解过了，才知道它为什么不够甜，为什么略酸；只有你经过了这些，你才能真正从本质上看透彻。也只有这样，才能对于那些诱人、却有毒的做到勘破、放下。

所以，班长不会直接跟你讲那个不要、要这个，怎么买、买什么，而是让你知道那个是什么、这个是什么，这样你就知道为什么不要那个、要买这个。同样方法也让你知道为什么买、究竟怎么买，真真正正做到知其然知其所以然。

还有的同学总期待谁能“颁布圣旨”般下达作战命令。学到这时你是不是清醒了些？应该知道什么才是真正的学习，什么才是真正的操作，什么才是真正决定你收益的因素。

上一章班长在讲汉王科技时说了，没有创新高，但完成多头排列且距离密集成交区是有不错空间的。或许，有同学对于班长在上一章里说汉王科技的 50% 信心不足。

先不说这个问题本身，这个问题首先反映的问题是什么？是同学对上一章所讲重点还没有把握到，他只看到 50%，却没有看到班长说后面如若突破谁、站上谁了打开这 50% 空间的前提条件。

当你知道这些了，还需要信心干吗？信心究竟是个什么东西？觉得没信心的“信心”未必真叫信心，你觉得有信心的“信心”也未必是真正的信心。

就像我们看了那么多例股，对于止跌信号的出现，我们需要不需要信心？你再有信心，它不能守住阵地、吞没了阵地，那你的信心也没用。反之，你再没信心，它可以巩固住阵地，进入关注级别并再度拉高了，买点出来就是出来了，你再没信心买，它该涨还是涨。

那么，信心是什么？信心是认识，是对自己客观看待的认识，是对走势客观看待的认识。

至于汉王科技这 50% 到底会不会有，把信心放一边，做好你该做的，就不信心而信心了。当然了，汉王科技这 50% 你看得上吗？要知道班长只是以这烂股为例，讲这个条件出来。事实上，还有更多更好的股等着同学们去学以致用的发现。比如，来看看一位同学分享他的操作情况（图 3–1 和图 3–2）。

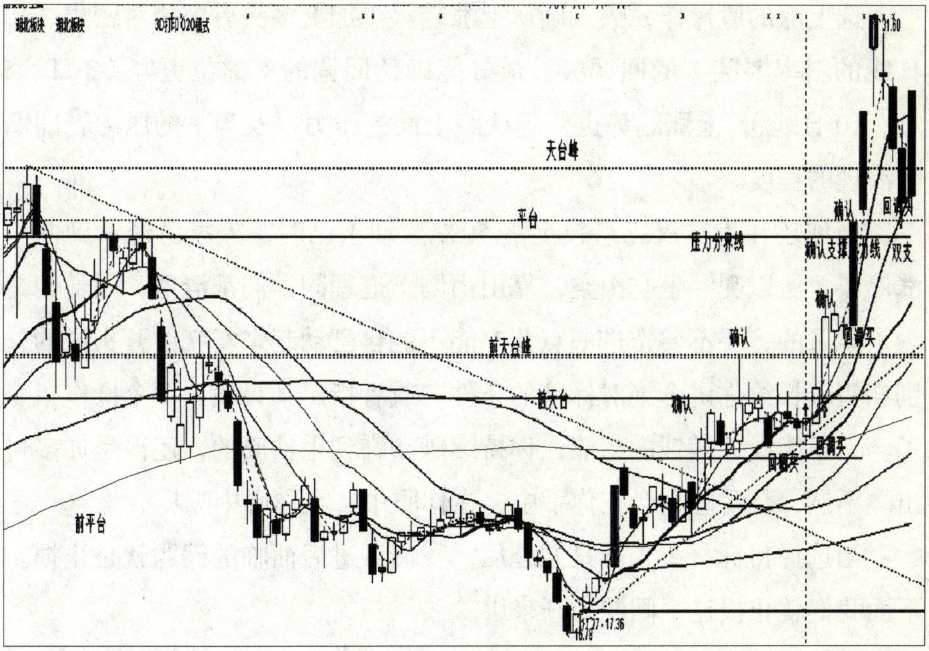

图 3-1　湖北板块

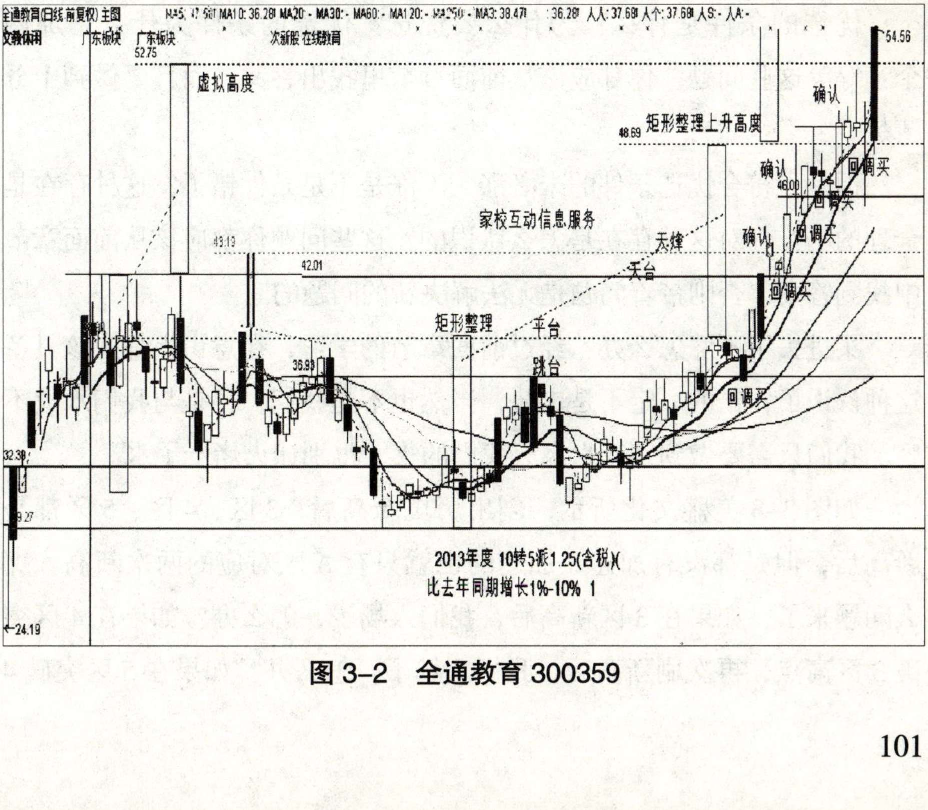

图 3-2　全通教育 300359

选上涨的股操作，买入确认上涨趋势（加上多头有序相对密集、10日线的斜率要陡）的回调股，最好能确认回调的支撑位更好（3日、5日、10日线），上涨趋势也要确认距上面的压力以及当下的压力，即旧账清理的程度。

当你还在为这汉王科技上涨50%激动不已时，人家已经拿到两个涨停了。所以呢？坐吃山空，靠山山倒，道理同学们都清楚。同学们是为了学习的，要不要奋进一点儿？能不能自己动起来？就像开头说的，别期望班长给你讲个绝对标准的条件，或者指定某只股、下个操作指令了。真正能让你赚钱的，能让你持续赚、赚到手抽筋的，还得是你多付出。不然，翻番怎么会在你手中、在你眼中、在你心中呢！

当选择目标、买入不是问题后，我们买进后面临的问题就是止损。下面我们就止损这个问题展开来讲。

第一股：美盛文化 002699

优选的条件是什么？为什么要优选？优选的条件为什么是那两个？等等这些问题，你都应该从前面章节里找出答案，而且要做到十分清楚。

但是，符合优选条件的未必涨，不涨是不是条件错了？这种存在是合理的吗？你对这种存在是怎么认识的？这些问题你都应该从前面章节中找到答案，否则带着问题是无法解决新的问题的。

买进去了不涨怎么办？经过前面章节的学习，在意识上都应该具备这种认识了，错的一定不是走势，当然也不是我们，只是与我们水火不容。我们只需要做到别让水浇灭我们的火，也别让火烤干了水。

如图3–3美盛文化所示，创出历史新高后，3区、4区、5区都是新高后，但是都没有加速，加速的也就只有A区对应的两次新高。那么问题来了，如果在3区新高后，我们入场了，怎么办？如果在4区突破3区高点，再次刷新高后，我们入场了，怎么办？如果在5区突破4

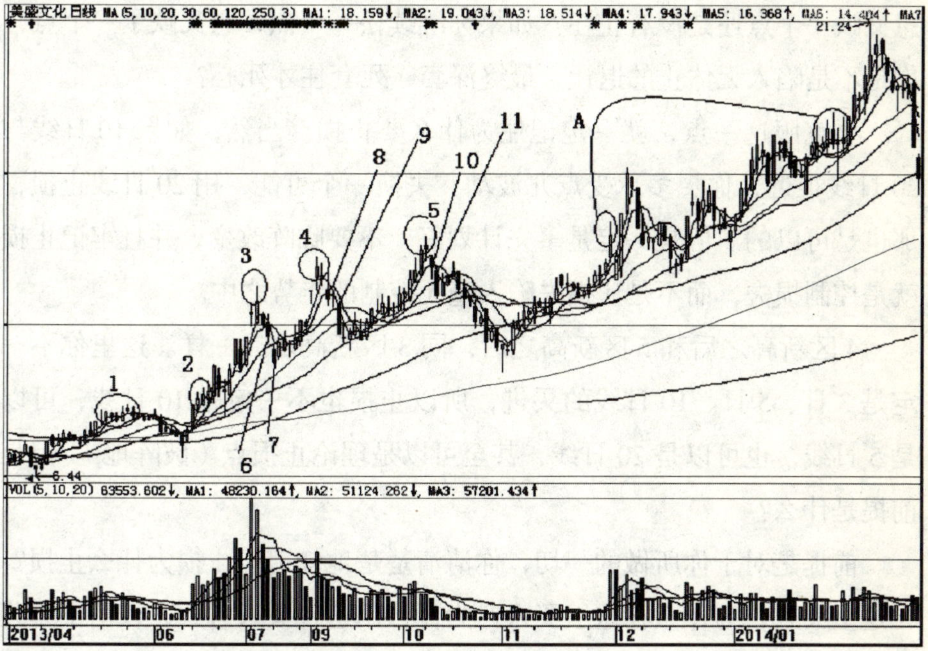

图 3-3 美盛文化 002699

区高点，再次刷新高后，我们入场了，怎么办？

如果我们入场是按照最直观的入场方式，新高后按照回调 3 日、5 日、10 日线买进（注意，这里的回调跟止跌信号的回调、关注级别的回调有本质的区别），止损怎么设？

首先，既然是止损，意味着走势出现了逆期望方向的运行；其次，止损是要控制损失，连起来就是当走势与你期望的方向背道而驰时，你要控制损失。

那么，我们 3 日、5 日、10 日线入场的，当跌到 10 日线，还不能止住的，我们已经发生亏损了，就要在这里控制住损失，其他的先别想，因为没有什么比控制住损失更重要。所以，3 区这里，回调到 6 区，已经完成了买进，次日跳空低开时，你要做的是什么都不想，先止损控制损失。止损是逆心理的，很多人都做不到止损。但是，为什么还要止损？

当然了，你会想，是不是再跌一个点就会站住了？但是，你会不会想又跌一个点还是没有止住？如果你继续松一个点，它又跌了一个点，你是不是陷入无休止的退让，最终深套、死套住才死心？

要克服这一点，就一定记住为什么要止损。当然，如果10日线与20日线很近，你想多承受点儿波动，去换一个可能，用20日线止损，那也是可以的。但是一定是事先计划好，不要临阵改变，并且牢记止损就是控制损失，而不是让损失陷入毫无控制的走势之中。

4区新高之后和5区新高之后，同3区新高之后一样。这里你不一定是3日、5日、10日线的买进，所以止损也不一定是10日线，可以是5日线，也可以是20日线，甚至可以是理论止损点（破阵地）。但是前提是什么？

前提是对于你所做的一切，你清清楚楚地知道，止损为什么止损？在这里买入，为什么在这里买入？为什么用这种买入方式，权衡了哪些好的与不好的？而不是只想好的一面，不想不好的一面。

比如，4区之后回调，在回调10日线买进。当然你或许问："我在10日线买入，我怎么知道会在哪里止跌？"事实上，你不需要知道会在哪里止跌，你只需要知道这是新高后的回调，而你是按照回调逢支撑买进，就可以了。剩下的就是你不止跌，我就止损。如此而已。

当然，这里的止跌跟止跌信号里的和关注级别里的一样吗？不一样。不一样在什么地方？你搞清楚了，你就敢在这里买入了，你也就不会在止跌信号出现后的回调买进了。

而对于止损，你深刻理解了为什么要有止损存在？之所以止损是因为走势发生了什么？你止损起来也就会做得不拖泥带水、干脆利落了。当然，如果是从2区突破1区后的买进，如何操作呢？这一路起起伏伏的，持股有没有什么波段的方法呢？

首先对于c区下探30日线（图3-4），如果你的止损范围没有设这么深，那么你要做的不是去想如何扩大止损范围来包含这一走势，而是要坚持你的原则，破了你的止损线就果断止损。

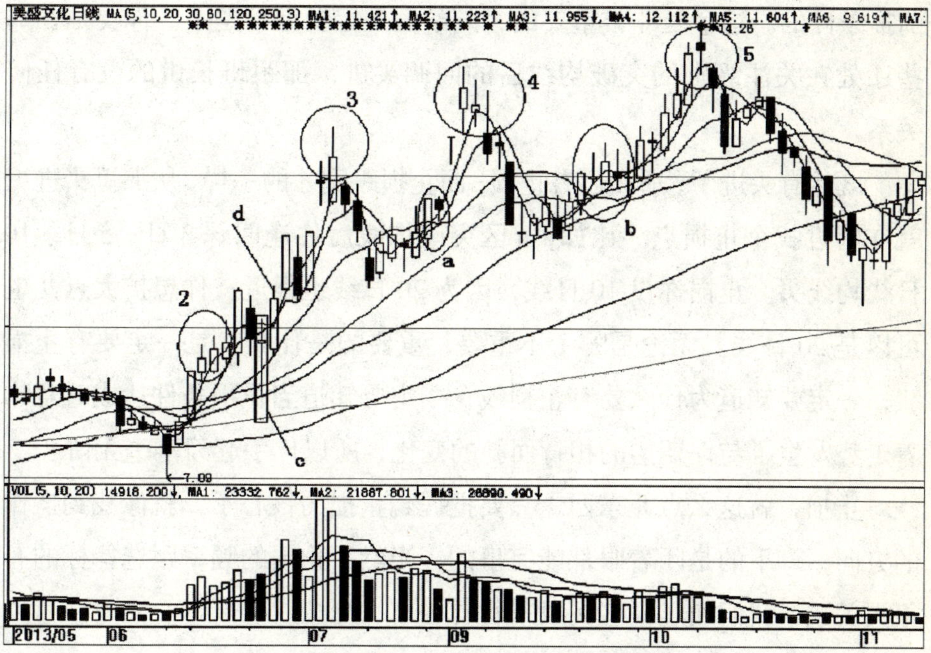

图 3–4　美盛文化 002699 后续走势图

如果这里破了30日线再拉上来，你就扩大到30日线，那里破了250日线再拉上来，你是不是要扩大到250日线？那你承受的波动也太大了，根本就是没有原则了。

这个和我们买点的优选是一个性质的，你什么都想要的结果往往是你什么也要不到。c区止损后再度收回，甚至c区当日就收回的，你完全可以再入场，你损失的只是个手续费。但是，如果跌破止损线你不止损，甚至你把止损线扩大到30日线，那么最终跌破30日线时，你损失的就不仅仅是个手续费的事情了。

我们再来看看3区和a区、4区和b区。如果你是在持股的情况下，如果你是持5日、10日线离场的情况，当走势再度步入短期均线之上，这是“止跌信号”。但在创新高后，而创新高意味着是涨势，等于是在涨势基础上，重拾了短期趋势的信号，那你可以再度买回。

突破短期均线后的回调，但不是所有这样条件的都可以买，是有前提条件的。这个是非常重要的，同学们一定要记清楚了。你要是在那些还处在关注级别的突破均线后的回调买进，那跟班长讲的没有任何关系。

既然有买进了，那么还有止损，而止损跟刚才的一样，从那里买进，就在附近找个止损点。比如，a 区突破均线后你逢回踩 3 日、5 日、10 日线均线买。止损你设 10 日线，因为 20 日线也很近，你想扩大点儿也可以是 20 日线。无论是哪个不重要，重要的是什么？是一定要有止损线，一定要知道为什么要有止损线，一定要知道当止损条件达成时意味着走势发生了与你期望的相背而驰的变化，所以你手起刀落毫无留恋。

止损，就这么点儿东西，只要把握到止损的核心了，就像找到操作的方向，剩下的是闭着眼都能完事的。当然，止损的频率跟选择标的有很大关系，我们通过一些例股来看看。

第二股：安硕信息 300380

如图 3–5 安硕信息所示，1、2、3、4 处对应 A 区，不会画不要紧，大致的 A 区是一座压在上行路上的大山，看不看得到？

A 区上去还有 B 区，旧账套牢多，对于这样上行面临一座接一座大山的，你规避就是了。但是如果我懒呢，我见只股就走不动呢，我不想费心费神去再找股呢？

那你就在这 1、2、3、4 处里折腾，赚不了多少不说，一不留神 4 处之后又遇到个止损，还没有赚多少，又亏给止损了。所以，选择、方向非常重要；买时不费心费神，买后就费心费神；买前费心费神，买后就省心省力。所以，你选择哪个？

第三股：恒华科技 300365

如图 3–6 恒华科技所示，1 区、2 区对应着 A 区的旧账套牢区，即便过了 A 区还有 B 区，所以磨蹭了半天它还在这里磨蹭，而我们前面

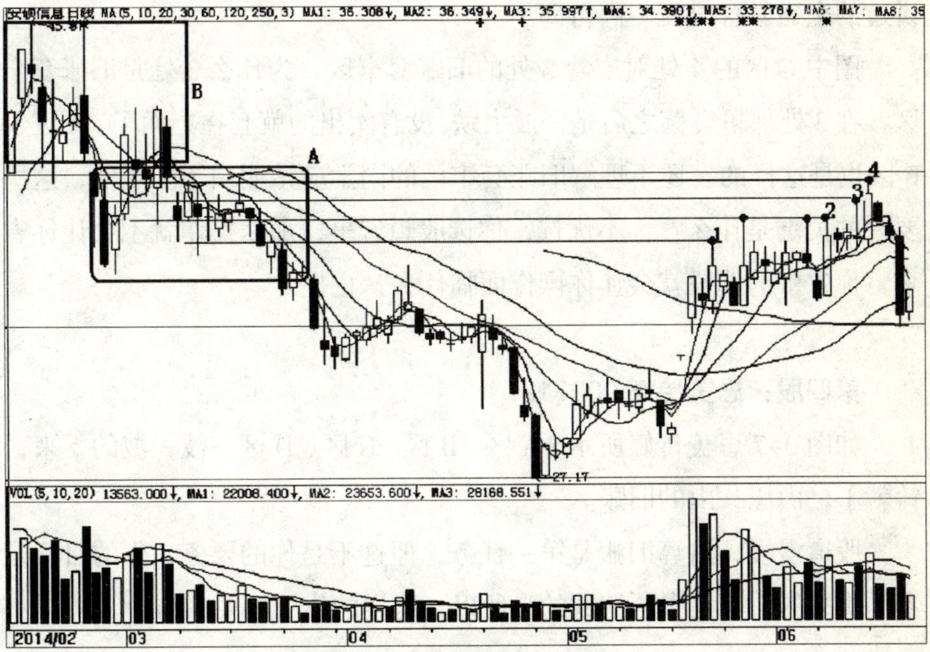

图 3-5 安硕信息 300380

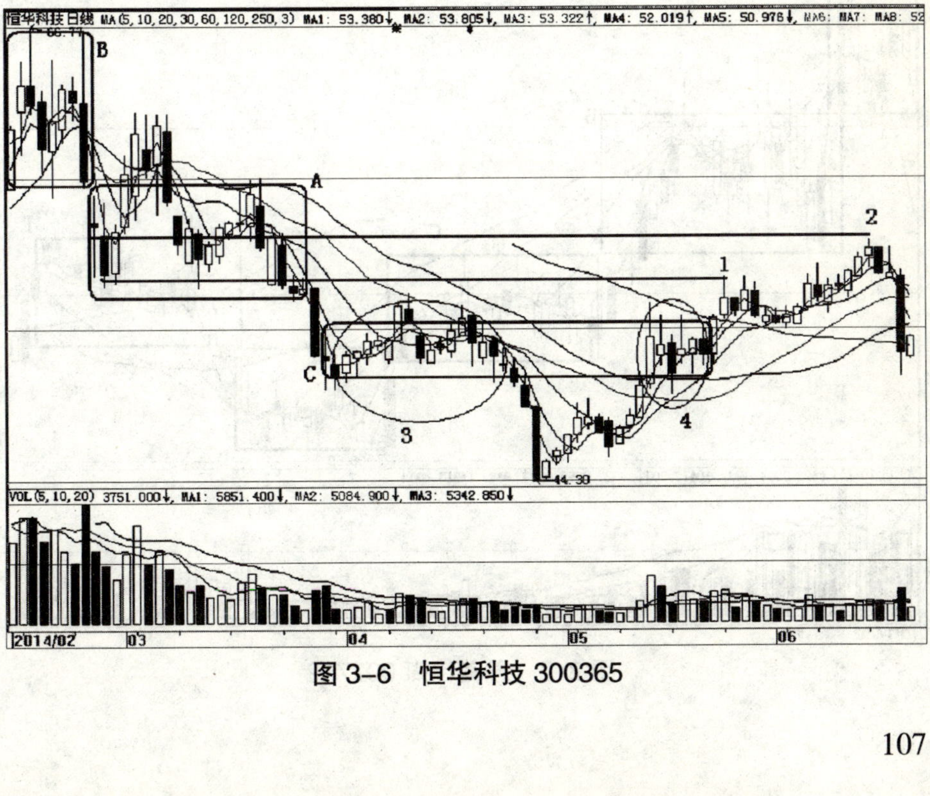

图 3-6 恒华科技 300365

讲过的全通教育早就一高再高了。

图中C区的4处对应着3处的旧账套牢区。为什么3处是旧账套牢区？在3处那里震荡之后是一波大跌,没有卖出的就套在上面了。A区、B区也是这样的。还不理解旧账套牢区的同学应该明白了。当然，这里要说的关键是什么？你不优选，你选股想省事，那么操作就不会让你省事，你省事的选股就会让你操作面临什么？止损。

第四股：思美传媒002712

如图3-7思美传媒所示，A区、B区、C区、D区一波一波的下来，铸就了一山压一山的旧账。

股道漫漫，清算旧账是第一任务，但这不是你的要务，你的目标是参与决战的，不是参与解放的。所以，这样的你干吗要参与？

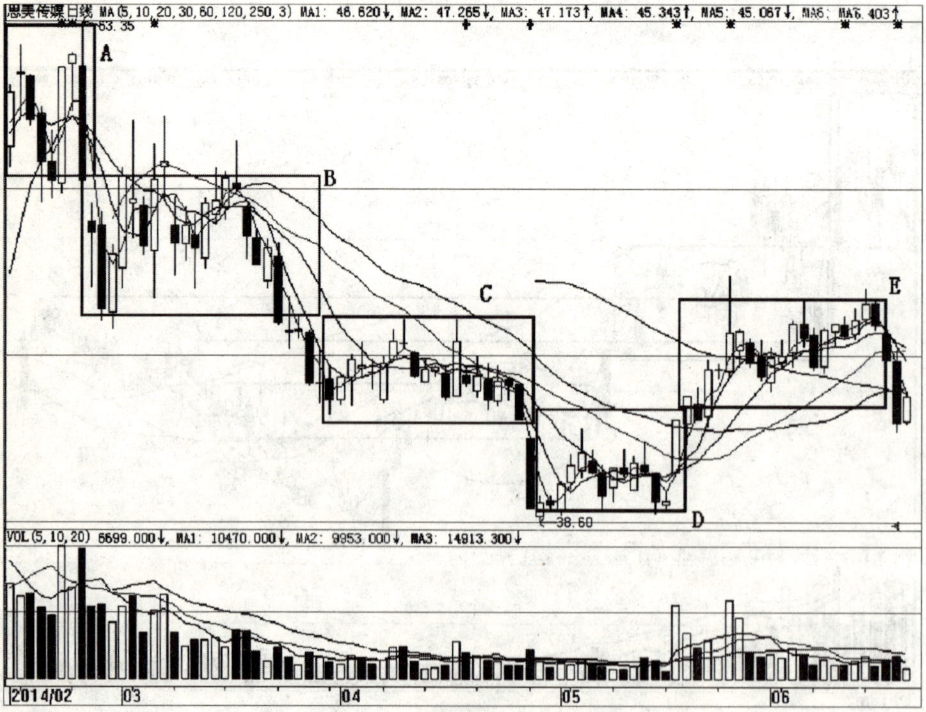

图3-7 思美传媒002712

第五股：全通教育 300359

如图 3-8 全通教育所示，1 区、2 区面临 3 区泰山压顶，而 a 区这里就是注意机会，但是你觉得大山还压着，不好。那么，没关系，b 区这里新高后你上车，轻松地拉高了。

前面好几只股都是走的磨磨蹭蹭，那全通教育就没有磨磨蹭蹭吗？

当然也有。看 1 区和 2 区，1 区那里进去了大阴线少不了止损，2 区这里也是走的拖拖拉拉，而新高后就是频繁大阳线，也就是 5 处所示的四根大阳线。

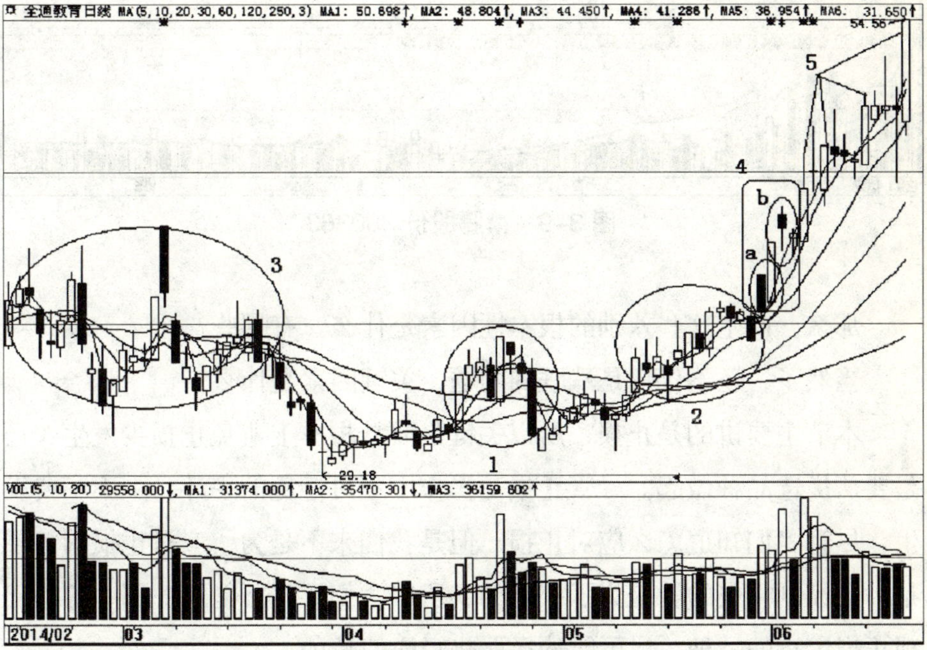

图 3-8 全通教育 300359

第六股：博腾股份 300363

如图 3-9 博腾股份所示，B 区对应 A 区，2 区突破 1 区高点创出新高，新高之后拉升立马不一样。

我们再回头看看这些股的表现，同样是大跌，有的股是大跌，有的股是抗跌；同样是反弹，有的股是小涨，有的股是大涨。

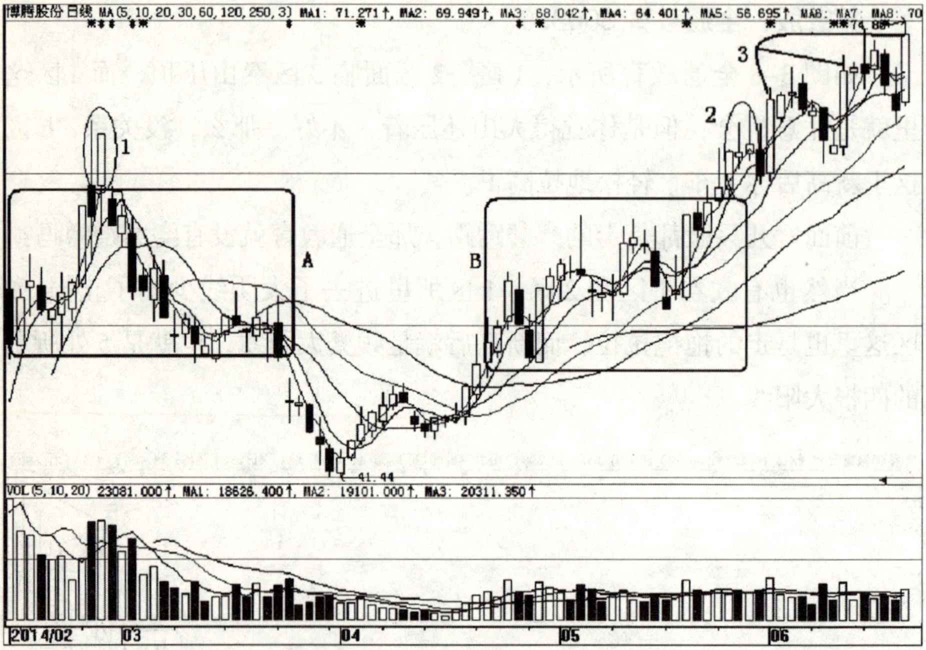

图 3-9 博腾股份 300363

那么，产生这些差别的根本性因素是什么？有哪些？

当然了，还不仅仅是涨跌的问题，关键因素是什么？

本节主要讲的是止损，所以关键是要从根本上避免止损少发生，还是要从优选品种做起。尽管止损是操作中不可避免的一环，少不了要发生，尽管我们知道怎么应对止损，但是我们来不是为了应对止损的，不是为了控制损失的，是为了获利的，所以我们要尽可能避免那些容易出现止损走势的品种，尽可能选择那些轻松的品种。

第七股：汉王科技 002362

同样的逻辑，我们再来看汉王科技（图 3-10）。在没有越过 5c 压力区时去操作，就会遇到频繁止损和频繁进出场。所以呢？在操作中规避开上路不远就要遇到大山挡路的。是那样的路，就不要它、不走它，可以从根本上减少止损的出现。当然了，减少只是一方面，不等于万一出现时你可以不止损。

谁都有遇到压力的时候，谁都有磨磨蹭蹭的时候，关键是谁走过了压力，你买进的是正在经历压力的，还是走过压力的。说到这里，你应该明白，为什么全通教育、博腾股份能大涨，而其他几只股却没有大涨。而你也应该因此更加清晰知道，未来你的操作方向是什么？你的操作目标是什么？

当然，这些不涨反跌的股，是不是就不看了？当然不是。刚刚说过，谁都有遇到压力的时候，关键是谁走过了压力。这些股现在遇到了压力，要比那些走出压力、走出主升浪的要有看头。为什么？因为那些大涨很多的，上涨空间有限了，估值会让上涨回归理性的。而这些正在努力消化压力的，才是未来能让你吃饱喝足的。所以这些股不烂，烂的只是当下。那么，现在你的眼里，还有什么股垃圾不垃圾的概念吗？只有适合操作不适合操作之分。再垃圾的股满足条件了、走上康庄大道了，都是

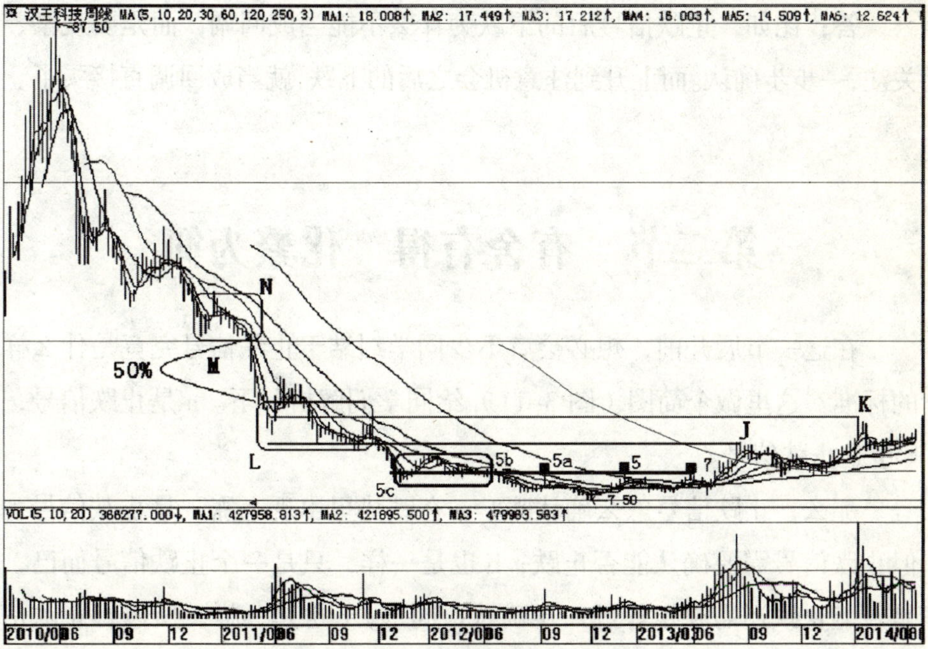

图 3-10 汉王科技 002362

好标的；再好的、再有价值的企业，走势还处在山连山的压力群下，它的走势就不能给你带来利润，除非它走出来。当它走出来了，我们跟上不就可以了？

那么，不该买，甚至看都不该看，你知道了，你还要不要看？而该买的，你知道怎么买了，也知道怎么控制损失了，还怕不怕跌了？相信同学们心中自有答案了。

班长回答问题集锦

1问：请教一下班长，当优选的买点出现后，是不是尾盘买入对走势看得更清楚一些？

答：当你觉得尾盘的好处时，也想想不利的一面可能是什么？比如，等不到尾盘时你的第二套计划是什么？总得有备用计划吧。

2问：创新高的止跌跟止跌信号里的以及关注级别里的不一样在什么地方？

答：比如，止跌信号后的下跌为什么不能当成回调，而是要观察、关注，一步步确认。而上升到注意机会之后的下跌，就当成回调直接买了。

第二节　有舍有得　化繁为简

在这一节展开前，想必会有不少同学纠结于止跌信号究竟是什么样的标准？这里做个简图（图 3–11），给同学们解析一下。a 是止跌信号，b 也是止跌信号。

那么，止跌信号怎么确认呢？ a 在跌势里出现上涨，是止跌信号，但止跌信号需要确认能否止跌；b 也是一样，只是一个止跌信号而已，是否能止跌还需要走势进一步确认。同理，c 也是一样。所以，止跌信号没有标准，你只需要知道它是跌势里的上涨就可以了。因为这个止跌

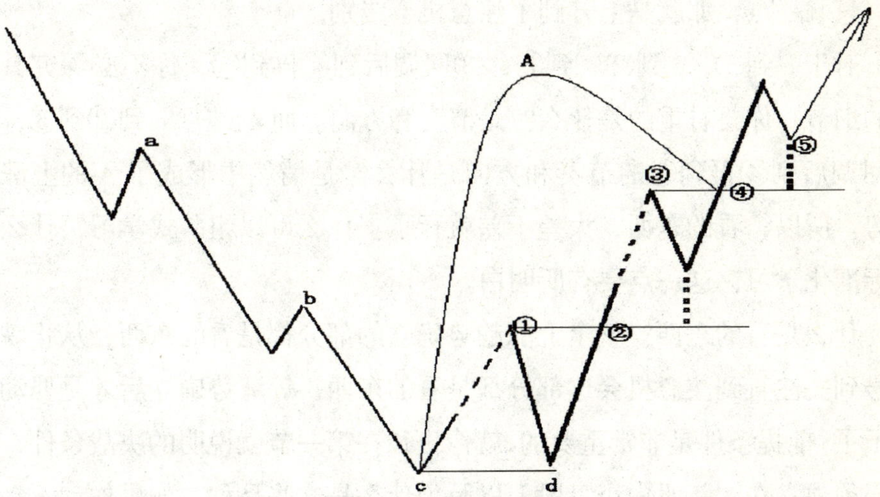

图 3-11　势趋简图

信号最终能否止跌，需要走势来确认才能成立的，而且具有唯一性，只有走势才能确立。

止跌信号出现只是一个止跌的信号，不等于止跌成立；止跌成立的标准是有的，那就是再推高一个层次；而回调不吞没止跌信号这一段，止跌信号这一段又叫阵地。

比如，c 这一波止跌信号出现，最终涨到①回落，回落的最低点 d 不破，这就叫不吞没止跌阵地 c；再度出现②的拉升且突破①的高点，这就是确认了止跌信号的成立，确认了止跌阵地的存在。

当然，至于 c 这一波止跌信号的出现，最终是否会涨到①，你不需要猜测，是否会在 d 止住你也不需要猜测。在 d 或者以上,那就是确认，跌到 d 以下那就是等同于 a、b 的无效止跌信号。

确认止跌信号，确认阵地后拉升即③这一波，③的高点没有标准，但是②的标准一定要有，那就是突破①。当③这波的拉升走出后，需要的还是新一轮确认，确认这一波拉升有效，确认阵地有效，确认的标准还是拉升。

当然，拉升一旦出现，一旦出现突破③高点的④，那什么都不重要了，只剩一点，那就是上升到了注意机会级别。

对于 c 到①，c 到②、到③，③回调后到④再到⑤，你不必深究其中的细节。你要看重的是什么？是节奏和方向。而 c 到①,c 到②到③，③回调后到④再到⑤的节奏和方向是什么？是悄然中形成了 A 的上涨趋势。所以，看的东西，大差不差就行了。什么可以粗犷式学习，什么要标准化学习，这一点要有所明白。

什么是看的东西？整个上涨趋势确立的部分都是看的东西，从止跌信号到关注直到注意机会这部分都是看的东西，等涨势确立后才是要动手干了。前提条件是非常重要的,就像班长在第一节就说明的决战条件，是必须建立在次新股中小盘股上以及为什么是这些品种，如果你动不动拿 600××× 或 000××× 的股票来说事儿，那就不是决战翻番次新股了，更谈不上优选了。

事有轻重缓急，什么需要急办，什么可以缓办，是一个办事有效率的人起码有的认识。操作股票，学习炒作亦是如此，不是什么都要有严格的标准，不要把精力放在没有标准的上面，却无视仅有的标准。

当然，同学们有时候把问题停留在这上面不是没有原因，究其原因是同学们停留在表层没有深入，或者说没有透过现象看本质。

比如，c 到①，c 到②、到③，③回调后到④再到⑤，讲的这么详细，你跳出这个详细的讲解圈子，去看看它是在为你说的什么？

你跳出来一看，原来就是个趋势 A，在 c 到①，c 到②、到③，③回调后到④再到⑤的基础上确定了是上涨趋势 A。那么，你还纠结②、纠结突破①的标准是上影线突破，还是实体阳线突破吗？

你才不纠结呢，你只需要等着，等最后看看能不能确立一个上涨趋势出来，出来个上涨趋势了就骑上去，没有确立个涨势出来的话就不参与。如此而已。

看一只股的走势，做一次操作，就像读一本书。这本书给你，就看你怎么读？

如果你毫无目的，那么，几千只股票，一年上万小时的交易时间就像几千本、上万本的书，你读哪一本？你知道次新股书不厚，且内容都是新鲜事，阅读起来更有兴趣。那么，一本新书摆在你面前，你还得知道内容是不是你要的，所以你要大致翻翻目录，而不是从头到尾细读一遍。

如果每一本你都细读一遍，恐怕每年的时间都浪费在这儿了。是次新股没错，但它内容是讲下跌的故事，所以你还要每日每夜地捧读下去吗？

同样道理。如果每只股你都在它最初期耗费大量时间，那你的时间能分配到有效操作上的就少之甚少了。所以，当你不再纠结A区的细节，只是等确定性走势走出来就好，在此之前粗犷地看一下就行了。

当然，前期班长为什么展开讲而不是直接说涨势确立？看山是山，看山不是山，看山只是山。如果班长直接给同学们讲标准出来，同学们就理解不到优选是怎么优选的，同学们也无法认识到其他买点为什么不要，做不到知其然知其所以然，就不能做到来去自如、从容以对。

只有这样从简单到复杂，再从复杂到简单的简单，才能真正的简单，才是真真正正的简单。

没有经历过诱惑考验的人，谈抵抗诱惑是纸上谈兵，所以需要带领同学们做复杂的展开，深入的旅行。目的就是通过展开，让同学们真正清楚明白，我们为什么最终只选择这两种来操作，而舍弃其他机会，让同学们知道为何选择，放弃了什么。

所以，当你书翻至此，如果操作上还没有有舍有得的意识，仍然企图不放过任何机会，那就太暴殄天物了。希望同学们准备一个笔记本，看到要点时记下来，想到问题时记下来，这样重复看一次，你就巩固一次，也解决一次问题。事实上，学习又何尝不是这样一个阵地一个阵地的推进，只是你如果不曾下功夫总想一步登天，就看看哪些股票是一步登天的吧，或者有没有一步登天的。

接下来我们通过三类股来讲解取舍的艺术。

第一股：友邦吊顶 002718

如图 3-12 友邦吊顶所示，1 处拉升站上所有均线，符合两个优选条件中的一个。真的符合操作条件了吗？只是突破最后一根均线站上去了，但是另外要求的是什么？符合选股条件未必符合操作条件，我们要求的距离压力的空间没有，面临着一座大山，意味着可操作性一般，那就是不符合了。

当然，你不理会面前的一座山，或者你忘记这方面，或者你不想考虑操作的空间。行不行？当然行。

1 拉升突破后的 2 回调买进，或者 3 拉升后的 4 买进，都是拉升回调的买进。但是，无论你如何不理会或者忘记或者不考虑空间，当 5 出现时，你必须理会 5 打出止损牌了。

之所以优选，是为了什么？所以，当你把买入的条件放宽时，就意味着要面临更多不确定性，随着可操作性降低了，止损自然伴随而至。

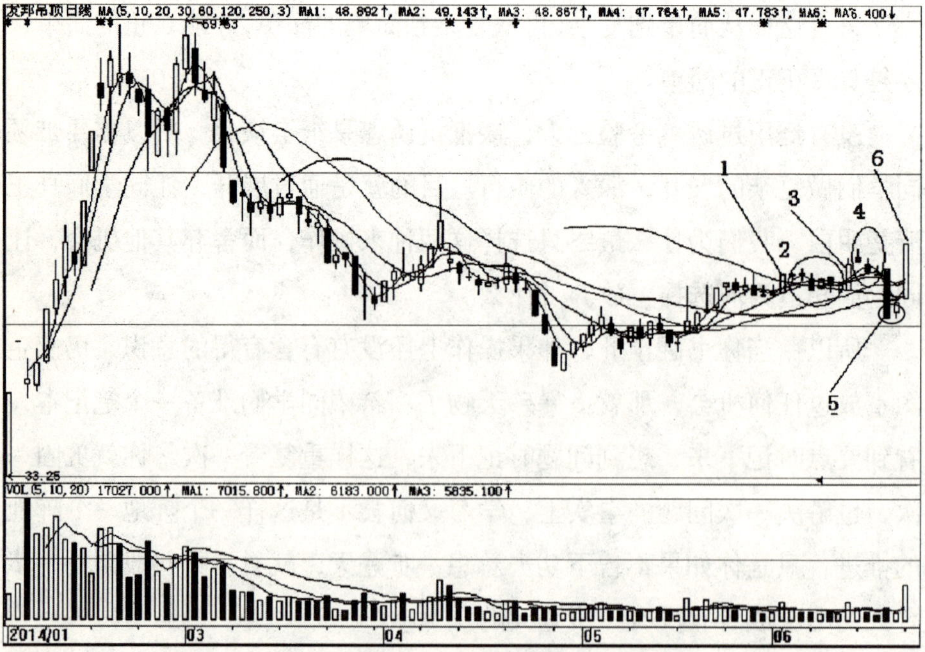

图 3-12 友邦吊顶 002718 日 K 线图

当然，你要是把止损条件也放宽，但是意味着什么呢？浅套变深套，就是从你放宽止损开始的。但是，要把止损降低或者从根源降低的话，就是优化买点，才能更多的避开这些无效或者效率低下的买点。

你别看到5不止损，有6的涨停，侥幸的心理不能有。前9次你运气好遇到涨停了，在你侥幸中一旦遇到1次跌跌不休，那你就被深套至死的1次，弄回到解放前了。

继续再看，如果我们不理会空间，我们不在乎可操作性，我们放宽买入条件，我们不等优选买点，我们见2或者4就买进了，可是我们面临的波动多、利润小，甚至可能还面临止损，那么我们操作是为了什么呢？

你操作如果不是为练习买进卖出的下单，而是为了获利的话，你不理会空间，你放宽条件，你不在乎可操作性降低，那么你还操作干吗？所以，优选的条件务必要坚持，宁可不操作也要等优选。因为操作不是为了操作而操作，而是为了获利而操作，不能获利的操作当然宁可歇着也不操作。

第二股：思美传媒002712

友邦吊顶今日（截图当日）涨停，思美传媒今日（截图当日）也是大涨8.55%（图3–13），图中所示和友邦吊顶是一样的，逻辑思路也是一样的。

你放宽买入条件没错，但是放宽买入条件降低操作胜率，与初衷违背，故不可取。

止损同样是不可放宽的。为什么？就不再赘述了。但是，同学们要看着上面友邦吊顶的讲解思路自己来捋一遍思美传媒。

对于友邦吊顶的涨停、思美传媒的大涨，班长这里要说道说道了。

有的同学看见涨停、大涨就是真理，也有同学说，无论什么票，只要涨了就是好票。看似有理的一句话，事实上逻辑混乱，经不起推敲。

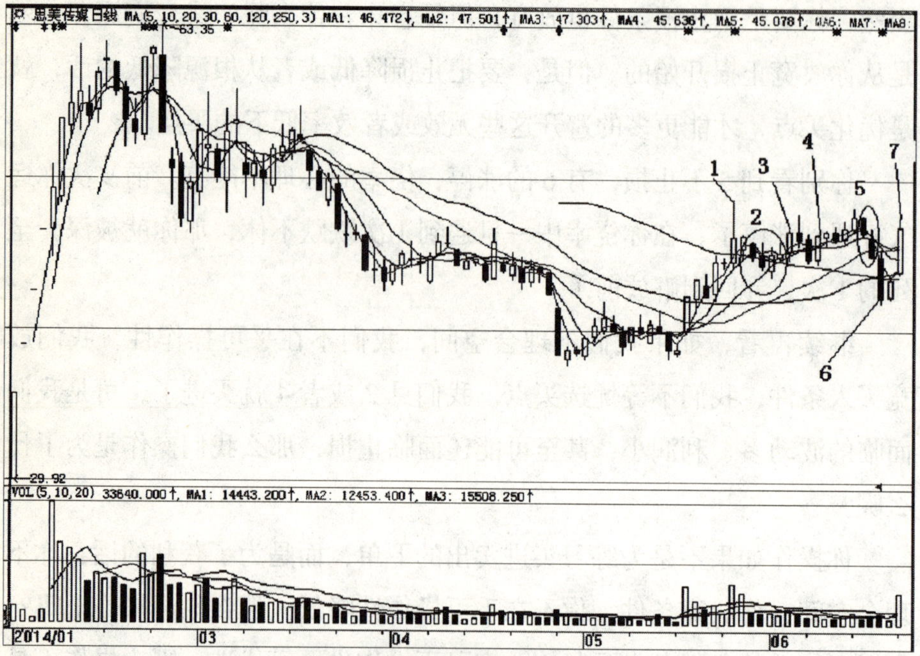

图 3-13 思美传媒 002712

是不是所有的上涨你都要揽入？

海里那么多鱼，你怎么不问问渔民为什么不都抓来？那么多种鱼，你又有多少网？老手不以一笔盈亏论成败。一笔盈亏不能说明对错，操作思路和计划才见真功夫！

一次偶然的涨停，一次意外的大涨，你却想找到一种标准，把这样的意外也抓到，你却不看看那些符合标准的如果抓了，抓完了是何等的丰盛！

所以，当你以这一笔意外获利为真理、是好股票时，那些标准之内的股票又算什么股票呢？

涨跌不惊，看股涨股跌。不惊是你内心澄明，知道来龙去脉，清楚了解涨停只不过是泛个涟漪，而你要的不是涟漪。在班长看到这些股在班长股池里，虽然是涨停、大涨，但班长不会出现那种要是买了该多好的可惜与遗憾！真正该遗憾的是那些在买点、标准买点你都没有去买、去操作的。而不是为这些意外的漏网之鱼扼腕痛惜。

什么是标准之内的股票？全通教育、博腾股份。全通教育涨停后打开，9.6% 收盘，博腾股份 4%。讲着讲着全通教育从 40 元涨到 60 元了。当然，也会有同学说班长怎么老讲全通教育、博腾股份？你还记不记得我们前面讲的是什么？为什么其他次新股大跌了而全通教育、博腾股份逆势拉升？为什么其他次新股走的磨磨蹭蹭而全通教育、博腾股份大涨？为什么我们的优选条件是创新高？

当你搞明白了这些，你就不会问这样的问题了。因为你知道，新高涨势的不看，难道天天看新低跌势的啊？我们一开头就用大量例股讲了方向的重要性，这里如果还一出手就是方向性错误就太不应该了。

同样，这里如果你都不明白为什么有的股涨起来那么容易，有的同学买进之后就是大涨数钱，而自己买的股，涨起来那么不容易，买进去之后就是折腾。除了就此停住从头再看，别无他法。你必须对着所学内容一字一句地去看，结合着图边理解边做笔记，记下的不仅要有你想到的问题，还要有你的任何思考。毕竟学习不是“道听途说”的听讲，还有练习。

第三股：千山药机 300216

任何一段走势摆在你面前，你都能分清大致的拉升、回调、买进之类的关键点了。如果图 3-14 放宽条件，A 区拉升的回落是个买点，买进之后就遇到一大波拉升。但是，我们要求是突破阻力带打开新的空间，那么 1 区拉升突破阻力带后开始，2 的拉升再次突破均线，买进的话如果在 30 日线止损了也正常，因为这不是关键点，因为没有哪个止损可以设的对任何走势都包含的恰到好处。关键点是当超出止损线了你止损，符合条件了再买就是了，机动作战是散户的优势。

所以，当 3 再次拉升你跟进就好了。当然，你等到 4 那里突破 1 高点是 1+2+3 了。1+2+3 的条件，即多头排列 + 新高 + 过近期高点。

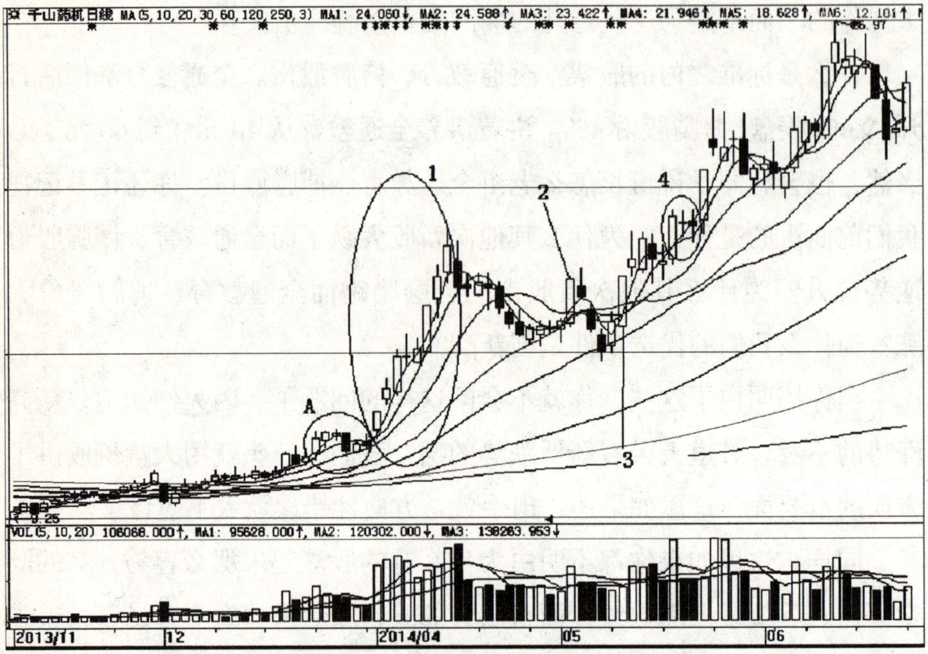

图 3-14　千山药机 300216 日 K 线图

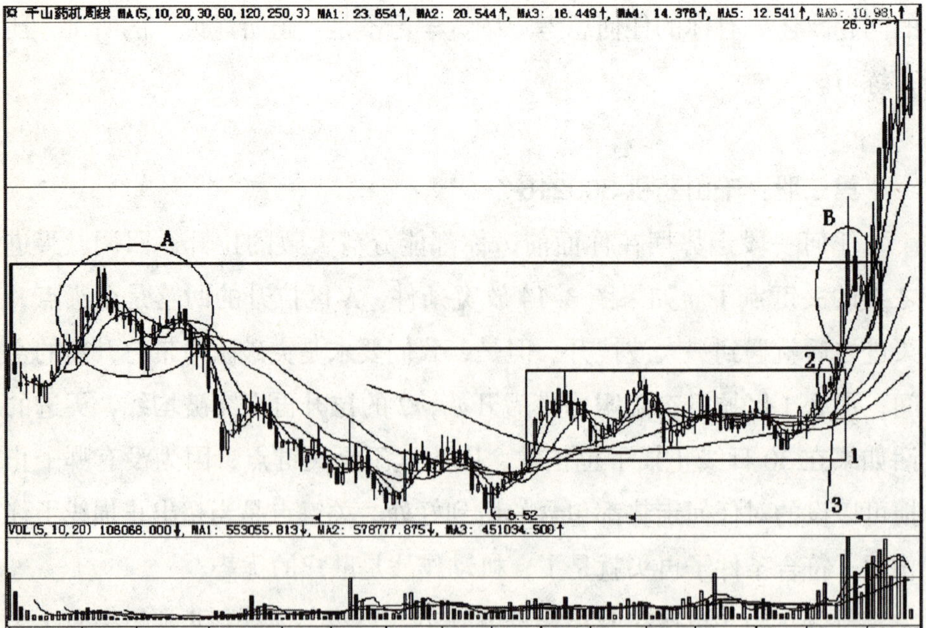

图 3-15　千山药机 300216 周 K 线图

拉大看千山药机的周K线（图3-15）。不难发现日K线图中的A区是突破了周K上的阻力带1区，而日K线图中的1区拉升波等于是突击了周K线中的A阻力带。但是，面对周K线当中A区这样的阻力区，谁也不知道，更无法预料这是日K线当中1这样的直线拉升波的强势突破。

当然，你别又犯老毛病了，见到什么鱼，就想如何如何才能抓到它。你应该想的是放弃，放弃一段利润，这样会使你的操作更简化。只做看得懂的，且拣最容易、最简单的那一段去操作，这样才能大大保证你的操作质量。

第四股：GQY视讯 300076

如图3-16GQY视讯所示，B区、C区的高点为什么在那儿？

我们拉长GQY视讯的日K线看到（图3-17），每一波高点都对应着之前的旧账区。比如，1是反抽A确认向下突破的高点，2这一波拉升在1这里受阻；3是反抽B确认向下突破的高点，4这一波拉升在3这里受阻；C是下跌中继的阵地，当时在这里出现了止跌信号，只是没有止住；后面5杀回来时同样受阻没有收复；6也是在这里再次受阻。

当然，我们给的图3-16，不只是为了让你再看这些我们前面看了那么多的旧账套牢区的压制，而是让你股道，对于图中的A、B、C、D区，第一，你找出之前的理论买点；第二，你找出优选买点；第三，你观察在A、B、C区，这三个高点区的走势是什么样的，如果要在这样的高点卖出应该怎样卖？

最后，再次明确一下我们的优选买点。

第一，新高买入分为两种。①创新高后的回调买入，逢支撑买入，不知道会不会跌也不猜测，只是顺势而为，止损应对万一下跌就好了，这是稳妥打法。②创新高回调后的再次站上短期均线买入，强势快准狠打法。

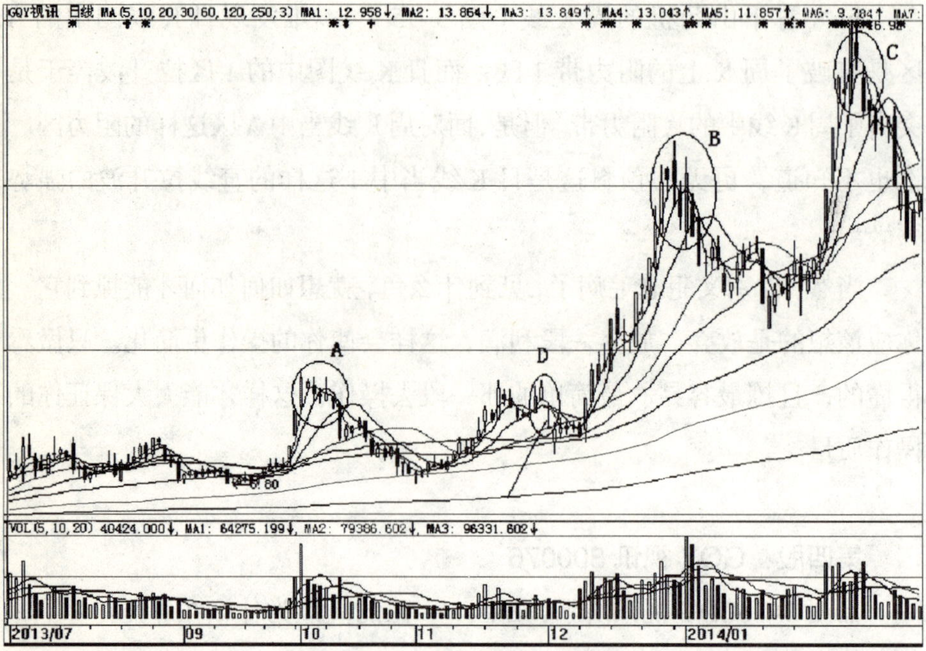

图 3-16　GQY 视讯 300076

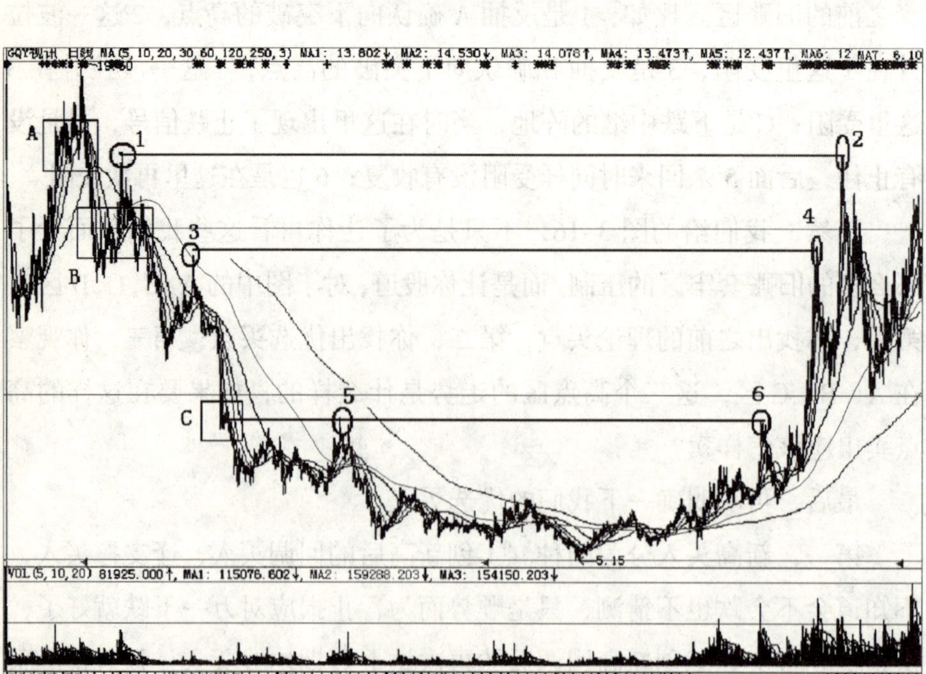

图 3-17　GQY 视讯 300076 长期趋势图

第二，未创新高的，均线多头排列后，距离旧账套牢区有一定空间，没有泰山压顶山连山的压力，且这段真空区的空间是符合甚至是超出你预期的。

为什么要优选？如果你手上只有一发子弹，当然要找到最肥的那一只狼才扣动扳机发射子弹。所以，你别再一上来就像抱了一挺机关枪一样不停扫射了，先停下来静下心想想吧，浪费子弹的操作没有意义。

事实上，很多同学尤其是老同学，不是不会操作，只是不会提高操作质量，没有优化操作选项，不能集中有效的优势兵力。战线拉得那么长，自然不能突围和提高胜率，更别说扩大战线了。就像渔网，不是渔网无效，是没有针对鱼群下网。修心，不是什么也不想，而是观照到不好的念头出现时及时止住。操作亦如此！

班长回答问题集锦

1 问：阵地确认了之后，那么这个阵地范围是什么？比如图 3-11，阵地是 c 到①，还是①到 d，还是①这个水平位置？

答：确认之后是①到 d，就像确认之前是①到 c，每一步都是踩在前一步上的。

2 问：我对空间的理解和观察还不很清楚，能再详解吗？

答：是没有标准的，就是两个套牢区之间的那部分。如第七股汉王科技 N~L 之间的距离。

3 问：能再细细分析一下什么是止跌、止跌上涨吗？

答：班长最终做个图出来的用意是什么？开头不是讲过吗？为何围绕这个展开这么大的篇幅。最终你要看到的不是图中的①、②、③，而是①、②、③形成的趋势 A；你可以分不清①、②、③的细节，但是 A 出来时你需要看得到。再看时一定是要拿支笔或者建个文档什么的，边看边记录要点。班长开头以做图展开的讲解，重心是 A，结果又在①、②、③，是不顾班长说的重点，只想要自己认为的重点。不重要的班长一笔带过，听听、了解就是了，但是提到的重点、注意、标准务必要掌握。

4问：题材要考虑吗？

答：走势反映一切。题材包含在走势中，不包含在走势中的，考虑也没用。

5问：只要简单地听班长的话走就是了。

答：这是空杯心态的具体化。让你走的先走了，其次再走你想走的。

6问：我们还有很长的路要跟班长一起走过的。

答：老是跟班长走，你自己永远上不了路，有些路早晚要你自己独立走，而且还有更长的路，你需要和走势一起走。

7问：总想寻找到自己最想找的东西，而忘记了我们本来目的；生命就像要在别人的故事中去演自己的戏，有时竟会忘了自己才是主角。

答：对啊！同学们自己才是主角，要做自己的操作英雄！

第四章

卖出策略

- 利润和趋势
- 厘定操作的角度
- 在得失利弊中找到平衡点

第一节　利润和趋势

战斗中学习，学习中战斗。不是只有失败的交易才要总结教训，一笔盈利的操作，也要从中总结经验，这是从理论到实践这一过程中提升最快的不二法门。

当你选定一只股准备操作时，要养成问自己问题的习惯。比如，这个目标是不是经过我优选的？

优选的条件都是什么呢？来自于什么呢？同学们对于条件的认识是否系统全面，是阻碍同学们学习上是否能有突破的原因，而这个认识的基本功取决于前面内容是否学的扎实。如果基本功不扎实，操作起来就会顾此失彼，顾到买点顾不到压力，顾到压力顾不到趋势……

同学们要想突破自己操作上的“颈线”压力，要想把自己的操作提高到一个新层次、新高度，但是却依旧按照自己的旧习惯，不接受班长讲的新东西，想必还要走过许多弯路才会知晓。而班长的新东西是什么？就是一开始班长说的倒空杯子，先把你的放一放，跟着班长讲的步骤让干嘛你先干嘛。

当然，从听到用还有一大段的路要走，更何况班长还没有讲完，你还没有听完。所以，你不会用，你不熟练，这些都没问题。有问题的是什么？

是班长明明还在说走出冬天要穿什么，你就在说春天到了你要脱去冬装；或者是春天来了，班长说同学们去踏青感受一下春天的温暖，你又说夏天是不是要穿得很凉爽。如果你总是这样的情况，那么你的思想里永远装着你固有的想法，新茶就无法注入。

如果你不能一次完整地说出两个优选思路的条件是什么，那么就按照班长说的，看的时候准备一个电子文档或者手写笔记本，把看到的要点随时摘出来。这样一节一节下来，就摘出来一个主要的脉络，再随着你反复看时进行增减，最后你就知道从这本书中学到了什么。在班长问优选条件时，你就能说出来，就算说不出来你也能拿出你的笔记本一目了然——优选条件就是①、②、③。

这么明确的优选条件，还有这么细致的讲解为什么这样优选，告诉你了优选的来源，让你能够清清楚楚地知道什么是买点，为什么是买点。如果这样的剖析讲解你回答不上来，如果知道只是没有表述出来，还有情可原。但若还不知道、还混淆又不去反复看，那么谁还能改变你的投资命运？除非你能原谅自己的踟蹰不前，除非你可以不在乎自己学习没有进步，除非你不想早日步入操作获利的阶段，否则，请你慢下来，按照班长说的一步一步去做。

当然，这也包括那些大概意识里好像知道优选条件是什么，却不能在班长提出优选条件是什么这个问题时，瞬间清晰说出条件是什么的同学在内。

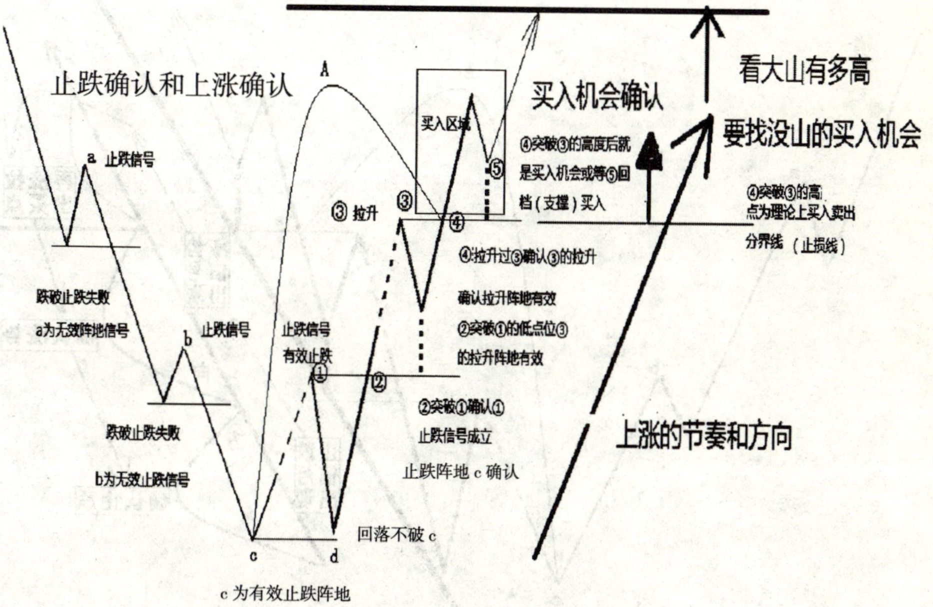

图 4-1 买卖时机简图

图 4–1 是“慢慢来”同学学习后自己下功夫做的图。有同学羡慕“慢慢来”同学动不动抓涨停、擒大涨，却看不到人家的付出。当然，也有同学把注意力放到美化的图上了，又以自己不会画图为由。事实上，你不会电脑画图，能不能回到原始的纸和笔呢？看到“慢慢来”同学的图可以做这么好，说明了什么？说明“慢慢来”同学用心了。所以能用一幅图把班长 5 万字的讲解概括的清晰透彻。事实上，班长讲了那么多，当然真正去抓主脉的时候，就是这点儿干货了。只是，当你说你不清楚时，你感觉你学不会时，你想想能够把图做的如此好的“慢慢来”同学，他复习了多少遍？看的时候多用心？

只是问怎么抓涨停、擒大涨的方法的同学有很多，真正去思考如何把这种方法练就到知行合一的同学却不多。为什么“慢慢来”同学能把 A 段厘出来，并且简单地归纳为一句话：止跌确认和上涨确认。

为什么又能从 c 到①到②到③到④归纳为一句上涨的节奏和方向？

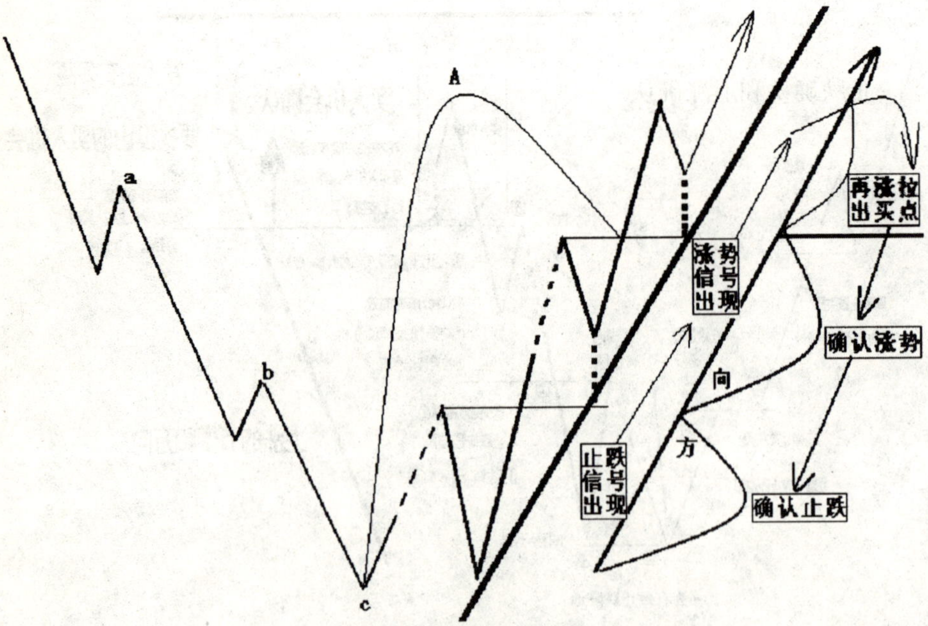

图 4–2 走势流程图

而为什么有的同学在c、d、①、②、③里却走不出来?

班长在展开c到①到②到③到④……之后，有总结性的说最重要的不是这几个点，而是A。A是什么也清清楚楚地说了，如果你只是听讲，看过听过当然记不住，如果你有笔记，学习从做加法到最后做减法，最后自然能做到只有“慢慢来”同学那样一副简单的图概况所有了。

但是，班长讲到的，同学们理解程度却出现分化了，这仅仅是炒股基础不一，领悟能力不同的问题吗?显然不是。因为既没有需要你用本书以外的知识，也没有要你领悟本书以外的东西，需要的只是同学们把本书认认真真翻看，并做好自己的阅读笔记。

所谓一步错，步步错。当你不能抓到班长讲的重点，或者眼高手低不注意重点时，应该去回过头，认真地看一遍，做笔记，而不是张口就问。人家已经知道止跌信号、阵地什么的都是看看就行了，只要最终A的涨势明确了趋势方向，剩下的就是等买点，按原则操作了。

所以，当你还在纠结①、②、③……时，人家已经抓到大涨、涨停的股了。当你还执迷不悟沉浸在细节里时，人家已经把图做好告诉你，那只是个节奏和方向——关键是方向指出后的“看大山有多高，等待买入机会，然后止损、止盈”。

班长在前面的细节展开，显然使一些同学陷入到了细节当中无法自拔。但是让你陷入细节无法自拔的，一定不是班长的展开而是你自己，因为班长展开细节后告诉你了为什么展开，是为了让你认识透彻、看透现象认清本质。而你却只记住前半句展开，没有注意到后半句为什么展开，不然你一定会知道展开只是去了解、认识、勘破它，而不是为了操作它。

每一次对一个知识点的展开，班长在后面的讲解中都会告诉同学们，展开是为了什么，真实目的是要让同学们做到知其然知其所以然，并不是展开都为让你掌握、让你运用，有的只是让你了解。而这有的是什么，需要同学们去做学习笔记，一节一节地去做，边看边做。

当一个阶段的展开结束后，会有总结性的。比如，买点的展开，讲到买点时，你把买点的知识点都记下来了。到最后的优选，了解了那么多买点，但是到优选买点，剩下的就很少了，为什么淘汰那么多买点？你又把为什么淘汰一些买点，为什么优选的知识点都记下来了，你自然也能做到从简单到复杂，再从复杂到简单的蜕变。

当系统性做一遍复习之后，把自己遇到的问题列出来。再做一遍复习，这一遍下来，再有问题还列出来。当然，如果上一遍留的问题已经解决的就划掉。

然后再去操作，不然你绝对会说班长的方法有问题，而不会意识到是自己的一知半解，导致用了相同方法，效果却大打折扣。

当然，你在操作时，也别动不动见只股就说这股是班长说的那种。首先你要知道班长说的“那种”具体是什么？你要清楚并且能清晰地说出，而你说的“这股”又是什么条件。只有你搞清楚了这些，你才能真正知道它是不是班长说的。

其次，在你操作中也别动不动就说那股怎么样，会不会涨停之类的问题。那股怎么样是摆在那儿的，别人看到的和你看到的是一样的。用你所学对照着看看它究竟怎么样，是符合看还是符合干，如此而已。

学习就是这样一步一步来的，我们都是从爬开始，到站、到走、再到跑，没有哪个人上来就会飞，除非是怪物。别懒更不要为懒找借口，在说什么自己基础差，自己笨，悟性不好之前，先问问自己有没有按照班长说的学习流程做一遍，再看看自己的学习笔记记了多少，那是最直接的说服力。班长未曾见过一个早起、勤奋、谨慎、诚实的人抱怨命运不好；也未曾见过一个勤奋、认真、努力、用心的人抱怨这不会那不会。

我们再来看看这幅流程图（图 4–2）。从出现什么只是看看就行，走势走着你看着，看到了机会的出现，整个 A 段没有让你做任何猜测，你只需要看，千万别做其他的。从止跌信号出现到止跌确认、涨势信号出现再到涨势确认，每一步都由走势自己去确立，你所需要做到就是等待走势确立后布局下网。

如果说买点是一个摘花的过程，那整个 A 段就是花开的过程，在花开的过程中作为一个摘花人，你说你急什么？静待花开。

如果你是学习成效不大的同学，请你反观自己究竟按班长说的做了没有、做了多少。不然就倒空杯子，回头认认真真复习一次。

下面我们开始展开讲解新的内容。

第一股：GQY 视讯 300076

如图 4-3GQY 视讯所示，既然是月 K 线图，说明我们就不是研究日 K 线买点的。这么大级别的 K 线图，显然不是讨论具体买点的，而是来看大节奏、大方向的。

3 区对应 2 区，2 区上面压着 1 区；4 区推高进入 1 区压力带，5 区

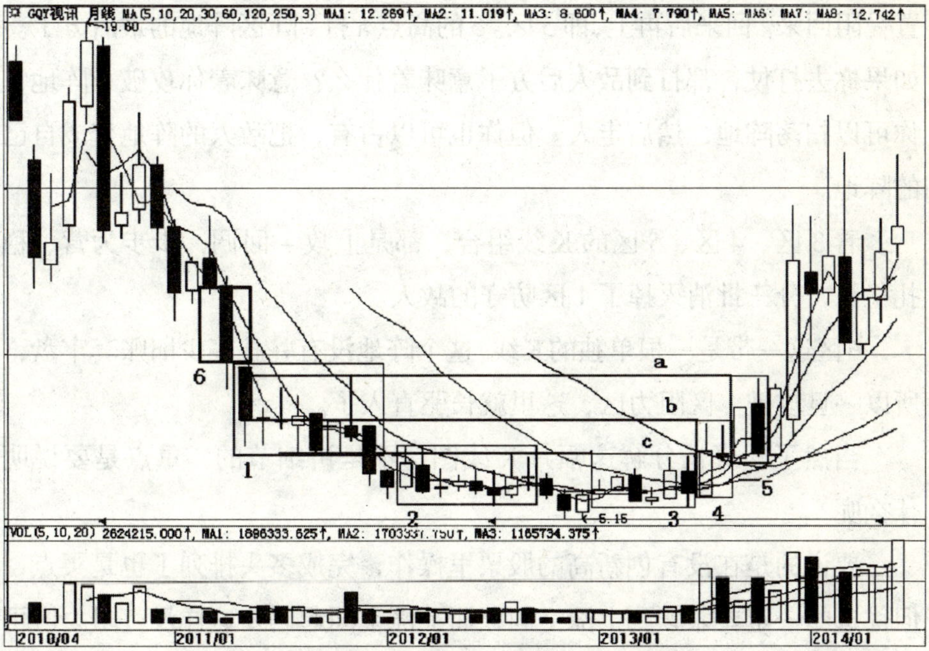

图 4-3　GQY 视讯 300076 月 K 线图

推高进到1区压力带的顶部、6区的底部；3区、4区、5区步步推高，逐渐消化旧账套牢的压力。

这样节节高、碎步儿慢行的推高节奏你注意到了没有？

当然，我们要看的，不仅仅是这样节节高、碎步儿慢行的推高节奏，还有3区的高点c，4区的高点b，5区的高点a。

如果让我们单独看着高点，我们必定不知所措。但是这图是走出来的，是摆在那儿的，我们如果不看、不充分运用已经走出来的图就不对了。

这就像上面班长说的，你基础差、知识少、悟性不好没关系，因为班长要你做的不是运用新知识，更没有让你悟其他的，要的只是你把班长讲出来的、摆在那儿的，动手列出来。

3区的高点c对应了2区的高点，2区的高点对应了1区的低点，环环相扣。1区是一个阵地区，2区打到1区的阵地边缘上不去了，为什么受阻？

同样，4区的高点b呢？也是一个道理，打到1区阵地区的核心位置受阻回来。回来后再上，即5区。5的高点a打到1区阵地的最后方了。如果你去打仗，都打到敌人后方了意味着什么？意味着你攻破了阵地，你可以扫荡阵地，然后走人。但你也可以占有，把敌人的阵地变成自己的阵地。

看3区、4区、5区的K线组合，都是上攻+回调，步步为营、稳扎稳打，分三批消灭掉了1区防守的敌人。

6区这一带是一根单独的K线，这个阵地没有驻扎多少旧账套牢盘，所以一旦攻破1区阻力区，这里就长驱直入了。

当然了，班长分解这幅月K线图，不是讲细节的，重点是要说明什么呢？

要说的是在没有创新高的股票里操作，完成多头排列了也是买点，但优选的一定要兼顾到上涨空间，而上涨空间起码要这样没有阻力区可以长驱直入的。

所以，在上一章讲汉王科技时，班长就说了50%是有前提的，如果走势达到条件了，才有望长驱直入走出主升浪的。

这里，如果你再纠结于1处、2处、3处、4处、5处里面，而不顾班长说的6处才是重点？知道了长驱直入的6处对我们来说，才是操作者应该注意的机会。那么，这月K线没有白看，我们拉长日K线再看（图4-4），看月K线上的A处、B处、C处：2处高点对应1处的山尖，而1处是什么？1处是A区阵地失守后的反攻，反攻到了1处，就没有再攻上去。4处对应的3处，那3处是什么？3处是B区阵地失守后的反攻，反攻到了3处这里就没有攻上去。

6处呢？大致仍然是这样来的，环环相扣，一个高点对应一个压力区。

我们再回到月K线的a点、b点、c点看看。刚才说了对应的高点，现在看高点对应的高点是什么？比如a点，对应的是1阵地尝试反攻收

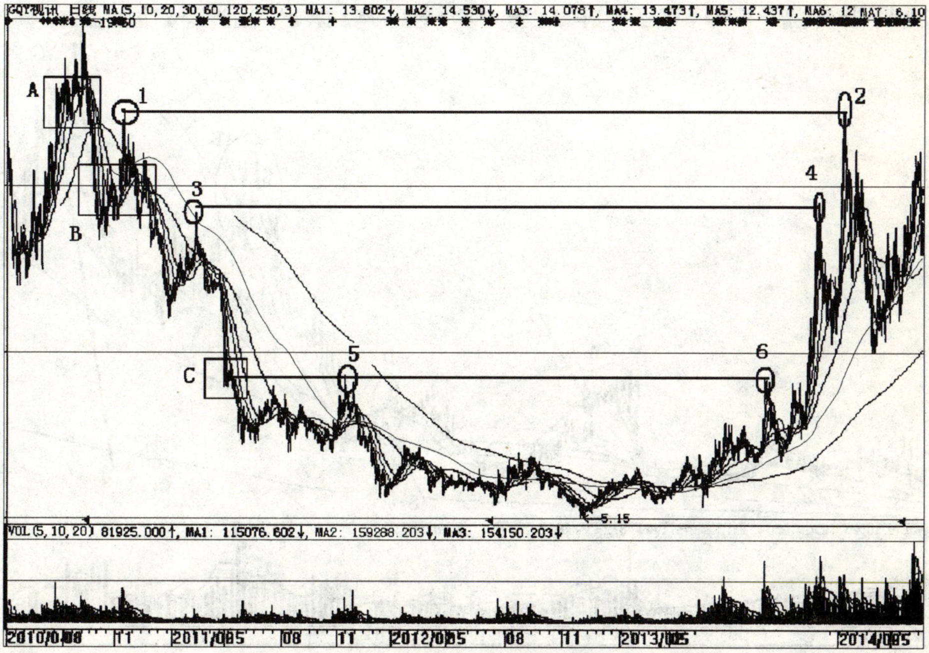

图4-4　GQY视讯300076日K线图1

复 6 的高点。

当然，通过这两幅图要同学掌握的，不是你娴熟的分析能力，不是让你预测高点，更不是让你把这作为日后交易时的参考卖点。而是让同学们明白，要想操作起来更顺风顺水、更简单、没有那么多纠缠，就避开这些走势上环环相扣、山连山的品种。

你避开了无谓的纠缠，提高了操作效率，增大了操作胜率，你最终的操作质量要远远胜于那些什么都想兼顾的同学。因为你的注意力、你的战斗力，只存在于最肥的狼群中间！

月 K 线上我们看了随着 3 区、4 区、5 区的层层逼近，突破了压力区 1 区，进入了一个轻压真空区 6 区，后面就展开了一波远超 3 区、4 区、5 区的主升。这个主升就是现在我们回到的这段日 K 线。

当然，实际主升要比月 K 线图中 6 区对应的真空区要多，因为它的上涨不仅填满了真空区 6 区，还向上突到了压力区（图 4–5）。

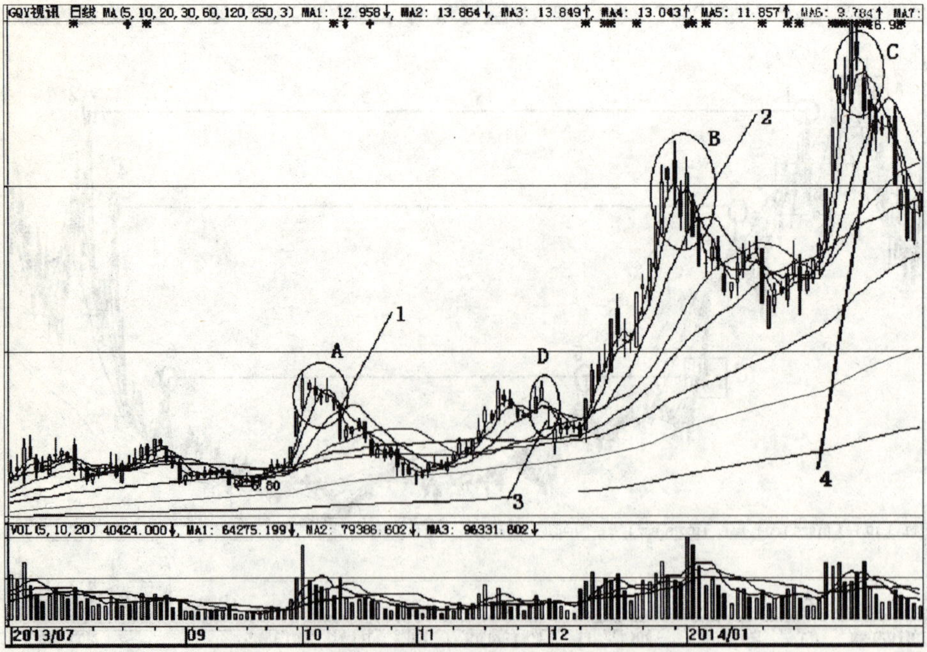

图 4–5 GQY 视讯 300076 日 K 线图 2

乐观的上涨空间和保守的估计，永远是同学们要做的功课。面对一个可能的上涨空间，你不能只看到可能性的最大空间，更要看到最小的空间，或者说最保守压力最轻的空间是多大。

这点是同学们在选这类低位完成多头排列、远离历史新高的股票、衡量可操作性、观察上涨空间时要做到的。

如图 4-3 所示，3 区、4 区、5 区突破后打开上涨空间，你应该做的是只需要看到 6 区这段，其次才是乐观的话可能直接扫荡到 6 区上面那个小阵地。

当然，你可以没有其次，只要看到 6 区这段空间就行，但是绝对不能没有 6 区直接看到最上面。乐观估计往往害死人，操作者面对形势要永远做到最靠谱儿、最安全。

那么，我们再回到日 K 线看看。如图 4-5 所示，观察 A 区、B 区、C 区由涨转跌的转折点有哪些特征？如果我们在这样的高位区域，如何做到顺势出场？

如果说是 3 日线后离场，那这三段涨势中，跌到 3 日线的次数很多，而跌破 3 日线后继续上涨；如果说跌破 5 日线后离场，那这三段走势中，出现跌破 5 日线后继续上涨的情况也很多次。但是，在跌破 10 日线后却出现了不一样的。

跌破 10 日线后出现不一样的是什么？

那就是 10 日线以前的下跌都是小幅的，而跌破 10 日线后出现了长阴线。请看 A 区、B 区、C 区对应的 1 处、2 处、4 处。

有同学可能又要“聪明”起来了，想说：“班长是说 10 日线是卖点吗？”

班长不会直接跟你说买要买什么样的，同样也不会直接跟你说卖要在哪里卖。

在买的时候我们讲了为什么不要 3 日线一笔买进，也讲了为什么不要 20 日线或者 10 日线一笔买进。为什么你还知道吗？

为什么不要3日线一笔买进？因为担心更低。既然有更低，为什么还要3日线买进？为什么不更低买进？因为还担心更低的没有来，就大幅拉升了，而3日线又没有买岂不可惜？

班长知道有句股谚叫："不怕错过，就怕做错。"所以，如果更低的没有来就拉升的话，错过就错过吧。班长也有句话叫："不怕做错，就怕错过呢！"

那么，什么情况下"不怕错过，就怕做错"？又什么情况下"不怕做错，就怕错过"呢？

方向不明确时，要"不怕错过，就怕做错"；反之，当方向明确了，你就要"不怕做错，就怕错过"。所以，哪怕买高一点儿，也不要错过；方向明确时，买高一点儿不可惜，错过才可惜！

这里班长又讲了得与失，你若不知道、不清楚，可以再回头看看、找找答案。我们这里回顾买点的买法，是因为卖点同样要兼顾到得失。

虽然说"只要是拉升的、赚的，哪里卖都是对的"，但那是因为涨了赚了。以结果论输赢当然无可厚非。这就像上战场打死一个鬼子够本，打死两个赚了，当然没有什么错。但是打鬼子是为了赢得战场的胜利，所以，对于攻城拔寨得来的战场，我们怎么能随便弃之？简而言之，就是要保住利润，而且是要更可能多的保住利润。

对于主升浪来说，锁定利润重要，那就不允许冲锋时回头，回头就毙掉。但不是回头的就意味着失败，你还要给反攻的机会，所以持股线又不能仅仅只是侧重锁住利润的3日、5日线，还要给个反攻的余地，还要能允许一定的波动。

而这个反攻的余地不是凭空而来，也不是一个死标准，是在你更可能保住利润上做一个让步，即我宁愿少赚一点儿，给走势多一点儿反攻空间。

那么，设定持股线、卖出点的出发点就清晰了。假如你有200股，

100股可以是5日线，如果你不嫌麻烦甚至可以是3日、5日线各50股，这是为了锁定利润；10日线是主升趋势的生命线，如果跌破主升趋势的生命线，意味着这一段主升趋势的生命结束，你要做最后的保护利润行动——清仓卖出。

当然，这个趋势不意味着走势彻底熊了，只是上涨的这波主升趋势衰竭而亡了。

这一段是学习时要重点摘到的笔记，每一句都是对卖点的补充，要反复看反复理解，以便达到彻彻底底的认识卖出，真真正正做到知其“卖”，知其所以“卖”。

当然，跌破10日线你卖出后，你知道趋势并不意味着走熊，只是这波涨势衰竭你离场了。所以，当走势再度收复这些均线时，你要怎样做？不用班长多说，进入到了下一个轮回，当走势再符合优选买入时，你再按照条件操作就好了。

说完了A区，B区、C区还用班长说吗？你对照着班长讲的A区，自己把B区、C区说说吧？

D区呢？也是一样的。如果只是再次跃上均线买入而没有等到突破A区，不算错。但是，当3处出现时，你知道跌破了，是止损、是锁定利润不重要，重要的是你知道无论如何都要卖出，因为生命线停止了，因为持股的条件不在了，那么为何持有？当然卖出。

第二股：吴通通讯 300292

如图4-6吴通通讯所示，与前面GQY视讯的月K线节奏是一样的，都是碎步儿慢行、逐步推高、逐一释放。

不同的是，5区打入7区之后，经过回档直接展开了主升8区，越过了7区。为什么这么强悍？

不仅仅是强悍，你要去吴通通讯月K线看看，在QGY视讯月K线上是并列几根月K线的阻力时，而吴通通讯只有一根。

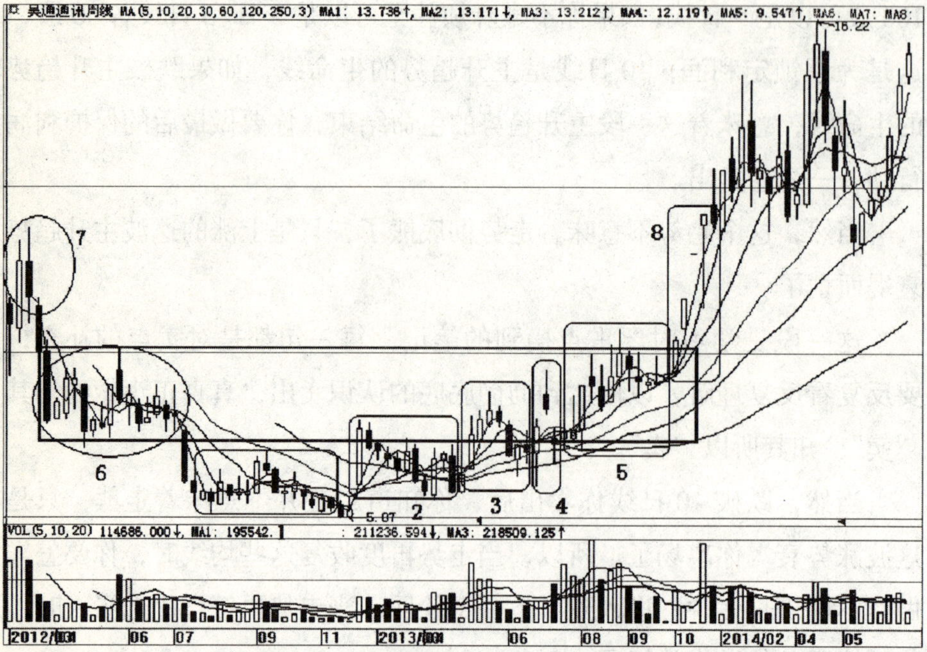

图 4-6　吴通通讯 300292 月 K 线图

压力的多少，决定着走势的拉升能否顺风顺水，操作标的的选择，关系着买进后能否走的简单明了。有些操作，买之前费心费神，但是买之后省心省力；有些操作，买之前省心省力，但是买之后费心费神。

你选那些瓜葛多、纠缠不清的，你买入后就要面对纠缠不清的瓜葛。反之，你买那些没有瓜葛、纠缠的，买入之后就会顺风顺水。

我们再到吴通通讯的日 K 线图看看这段主升（图 4-7），即 1 处跌破 10 日线。刚才说了，跌破只是说这一波拉升的趋势结束了，并不是整个趋势结束了，而你的卖出也只是锁住利润。

所以，当 2 处出现反攻结束调整再度确立涨势时，你要做的是什么？是再度跟随涨势买入。

当然，有同学可能要问，1 处这里不卖不就好了吗？这么麻烦的卖出再买进，给券商送手续费吗？如果你有这样的问题，你就需要拿着笔记，把班长前面讲到的卖出，为什么卖出这些关键点找到并摘抄出来。

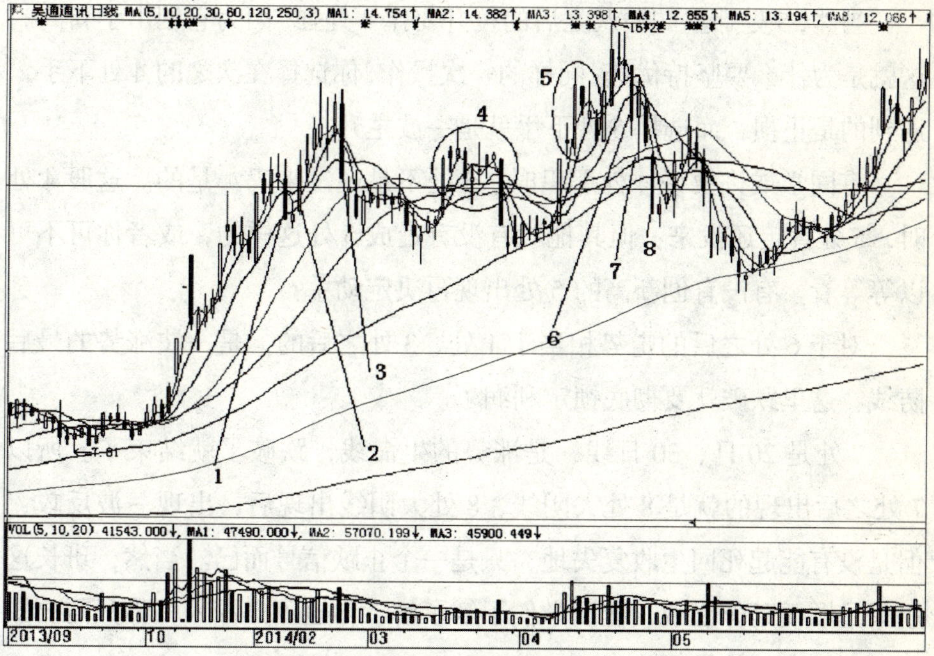

图 4-7 吴通通讯 300292 日 K 线图

因为你不记得，如果这里跌破 10 日线后没有再涨回来，你怎么办？是不是就一波更比一波低的去坐电梯，甚至被套了？

当你知道 1 处的卖出是因为那一波涨势结束的锁定利润行为，你就知道如果后面没有 2 处这一波拉升，你的锁住利润是多么的英明。

当然，有的同学也很聪明。通过 1 处的卖出，2 处的再买回；发现 1 处不卖出，2 处这里就省事了。于是下次就这样操作，结果栽死到了 3 处的手里，甚至仍然不能明白锁定利润的重要性。

对于 4 处这里依然一样，因为涨到均线之上了，你不等到新高就可以再介入，但是介入后遇到这样的下跌，你需要在走势衰竭时果断止损离场。

也许你说真麻烦，刚进去就止损。是的。但是你可以放弃这样的，完全可以放弃这些费心费神的，等新高再说，进而筛选掉了这样被前高压制而止损的。

当然，5 处那里的回调之后的拉升要比 4 处强，因为它创出了新高。这就是为什么要坚持优选，同样的一次操作，你选择在次之的 4 处下手，遇到的是止损，而选择 5 处下手就是一波主升。

有同学或许要说 4 处那里时，5 处不是还没来吗？是的。这股 4 处时，5 处肯定还没来，但其他股有没有走成 5 处这样的，或者你可不可以等等看，有没有创新高的 5 处出现再决定动手？

对于 6 处之后的走势相当于 1 处、3 处之后的，是一波涨势的最后防线，这里跌破就要彻底锁定利润了。

7 处是 20 日、30 日线，是涨势的生命线，跌破了就结束了。所以 7 处之后出现的就是 8 处大阴线，8 处大阴线出现后，出现一波反攻，但是没有能起死回生收复失地，只是一个止跌信号而已。当然，班长这里只是顺便延伸说说，让同学们了解了解，你也不必深入，你只需要知道到 6 处那里就够了。

第三股：全通教育 300359

如图 4–8 全通教育所示，A 区、B 区、C 区、D 区的纠结，你明白是 F 的压制，当 E 区突破掉 F 区的压制，符合我们的优选条件，这时你看 1 处、2 处、3 处、4 处都在 10 日线之上，这就是主升浪。

有同学可能会问，要考虑大盘吗？考虑大盘是个什么“标准”呢？是无法标准的，唯一能标准的就是标准好走势本身。比如，4 处那里盘中跌破了 10 日线，在 E 区介入之后，4 处那里跌破 10 日线，怎么办？

当你问“4 处那里跌破 10 日线，怎么办？”这个问题时，你的潜意识里第一反应是想要把握住这样的波动而不被洗，第二反应就是如果尾盘卖而不是盘中跌破 10 日线卖，就可以把握了。于是，你打算用这样的经验作为以后交易的依据，那和前面吴通通讯那里“1 处跌破不卖出，2 处不用买进”省事的错误经验有何区别？

所以，班长要告诉你的是，别想着找到一个万全之法，你不是海洋，

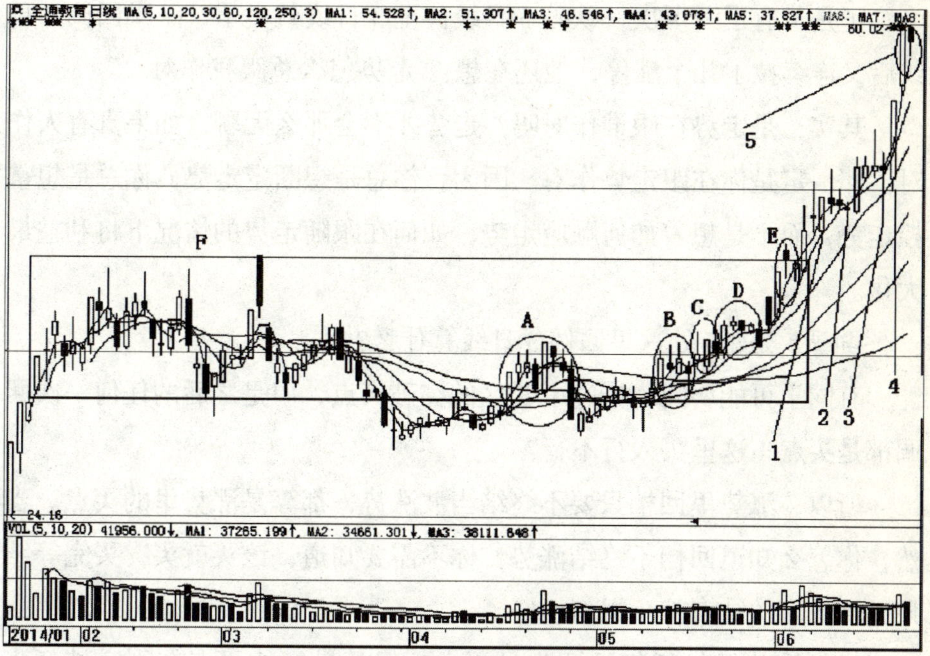

图 4-8 全通教育 300359

你也没有一个大到足以包揽整个海洋的渔网。放弃那样的想法，洗出去了就是洗出去了，没有什么。

当跌破 5 日线你锁定利润，当跌破 10 日线你又锁定利润，当尾盘收回来你可以不进，但是当次日接连收回阵地确立新一轮涨势时，你不能坐视不顾新的趋势。

也只有当跌破 10 日线坚定离场，当 3 处那里如果真随大盘暴跌了，你才能避开大跌而保住利润，也能掌握主动，做到再度拉升时你还能及时参与。

不成熟的操作者，最常犯的毛病就是顾此失彼。比如，股价跌破 10 日线后拉升了，他就会想："哎呀，要是跌破 10 日线坚持一下不卖就好了。"

于是有了下次跌破 10 日线后不卖，结果跌破 10 日线后持续大跌，他又想："哎呀，要是早早卖掉就好了。"

于是又有了下下次一跌破5日线甚至3日线就卖了，结果回调5日线后又连续拉了几个涨停，他还在想：“走势怎么总跟我作对？”

其实，是走势在跟谁作对吗？走势才不会那么无聊，如果真有人作对，那一定是你在跟走势作对。因为，你总是想断定走势，你总是想掌控走势，而不是想着如何顺应走势，如何在跟随走势的情况下将利益最大化。

再看5处，5处这里回档3日线算什么？

有同学可能要问，错过了E区的突破买点，但是之后的任何一次回调都是买点，这里买入行不行？

所以，涨势里回档只要不终结当波涨势，都算是涨势里的买点。当然，你怎么知道回档不终结涨势？你不需要知道，该买就买，买完等结果，涨势真的结束就止损离场好了。

虽然涨势里的任何回调都是买点，但是最好的买点在刚突破新高后，而你在涨百分之四五十后再跟进，有站岗的风险，但真正的风险不是风险本身，而是来自于风险的不可控，一旦风险可以控制就不怕，那么你趁回档跟进就没什么大不了，只需要知道万一这回档不是回调而是下跌，你清楚明白应该在哪儿控制住损失离场就可以了。

第四股：博腾股份 300363

如图4-9博腾股份所示，跟前面几只股的解析步骤也是一样的。A区、B区、C区、D区的回档是10日、20日线，形成了趋势的什么线？

当突破高点创出历史新高后，1处的回档是买点，涨到2处这里，如何兼顾锁定利润和大涨势呢？

3处这里和2处的问题一样，这问题留给同学们先思考，我们下一节再展开讲。至于4处的问题，和全通教育那里的5处也是一样的，我们也在下一节再讲。

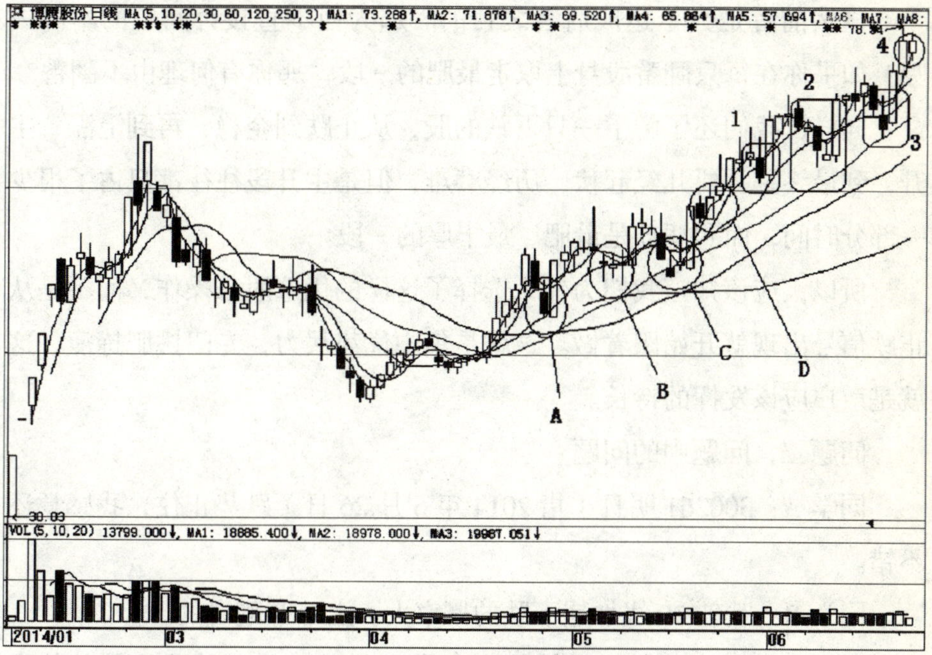

图 4-9　博腾股份 300363

第二节　厘定操作的角度

在展开讲解本节前，班长先抛砖引玉问同学们两个问题。

问题一，创新高后，股价就会翻番吗？

事实上，这在第一节我们就解答了类似的问题。第一节我们说了翻番是目的，但是如何达成翻番才是我们要学的、要做的，所谓做好了你能做的才能做你想做的，所以把如何达成翻番学好了、做好了，翻番就是水到渠成的事情了。

那么，按照以上逻辑，“创新高后，股价就会翻番吗？”这个问题就简单了。我们要股价翻番，不过是为了利润翻番。那么，你真正要的是股价翻番，还是操作收益翻番呢？

显然前者是为了达成后者之目的。那为何不直接奔问题的本源去呢？如果你在每只翻番股身上取走最肥的一段，那你有何理由不翻番？

同样，我们还了解了一只下跌的股，从止跌到企稳，再到上涨、主升，到最终翻番要几经起伏，历经磨难，但是主升段往往都只占了很少一部分时间，而利润却是最肥、最丰厚的一段。

所以，应该知道我们为什么选择了这样的优选股来操作，而不是从止跌信号出现就开始跟着做。这就是集中优势兵力，专门挑肥拣瘦，这就是散户应该发挥的特长。

问题二，问题中的问题。

同学 A：300261 明日（指 2014 年 6 月 26 日）跌势止住，我感觉还不错。

同学 B：跌破 10 线加速下跌的概率大。上一节刚讲的。

同学 C：10 日线是主升趋势生命线，20 日、30 日线是上涨趋势生命线。问题中的问题是什么？

第一个问题，“300261 明日（指 2014 年 6 月 26 日）跌势止住，我感觉还不错”。

第二个问题，“跌破 10 日线加速下跌的概率大，上一节刚讲的”。

第三个问题，“10 日线是主升趋势生命线，20 日、30 日线是上涨趋势生命线”。

我们先来说第一个问题，若所说的“跌势止住”是做再次回到均线之上的，那么是对的；但它本身是新高后的回调，按照回调买入也是没错的，而且是极好的。

第二个问题，“跌破 10 日线加速下跌的概率大”，相对持股者锁定利润来说有加速下跌的风险，所以才是有意义的。但是对于要买入的操作来说，情况不同也并非如此，反而是恰恰相反。别忘了上节讲 10 日线是为了什么卖出，这样才能区分卖出与买入的区别，不同的位置对于不同的角度，可能是卖出，也可能是入场。

第三个问题，每一个条件都不是单独存在的，班长不能把持股线定成一个标准而通用于每一只股，就像每个人的脚都有它自己的码数，没有说有哪一只鞋，所有人穿上都合脚，就算是同样的脚，根据居家休闲、登山、跑步、慢走等不同情况，还需要选择不同的鞋子，或宽松，或偏大偏小呢。所以，相对而言的意识一定要有，条件一定是要区分特定对象和特定境况的，不是一个条件标准在任何情况下都是同等功效的。

就像上节讲到的买法之突破所有均线后的买入，但它只是描述了买点，还要有后半句："距离上方没有旧账套牢密集区，这样的意味着可操作性强"，这样才是一个完整的买点——"可操作性强"+"买点"。

反之也是。一个可操作性空间大的股，但它还在空头排列，并未步入涨势，你只有操作空间，没有操作买点，也是不行的，条件缺一不可。

举这么多例子，是要求同学们看待问题要全面，要前后统一，要理解前提条件的重要性，就像从第一节开始，班长要求的前提条件一定是次新股，如果不是次新股，还谈什么决战次新股？

没有前提条件的问题，就像你说你要去北京一样，往南走近，还是往北走进？我说往北走近，你说往南走近，究竟谁说的正确？我在武汉，我说往北走近是没错的，但是你在哈尔滨，你说往南走近你也是对的。所以说，你必须先明确你在哪里，你才能找到最贴切的答案。操作也是如此。你在持股且已经获得不少利润，自然要兼顾锁定利润，而你在场外，面对创新高后的回调 10 日线，当然是机会。所以说，操作者的立场不同，面对走势自然选择不同。这就是为什么班长要求同学们一定做笔记，记住班长讲到的要点，而那些提到的只是让你了解的，了解一下知道就好了。关键是，前提条件你不清楚，你还不列出来强化记忆，那就很容易一出手就错，甚至错得相背而驰。

对于每一步的学习是为了什么，一步一步地学习为达成什么目的？最终又为了达成什么样的目标？这是同学们要不断思考和心中有数的。

就像图 4–2 右边，我们来时的路是止跌信号出现，到关注，到注意机会……而今当我们走过了那几步再回头看，原来我们当初的一步是确认止跌，一步是确认涨势，通过一步一步达成确定涨势里的机会，最终达成买点买进获利的目标。

如果你在上一节看了“慢慢来”同学的简化图还不清楚这些问题的答案，你需要重复看并做笔记，通过这样重复看、每看一节就总结出一段，边看边总结，看是怎么一步一步为后面服务的。当你通过复习，知道了通过学习怎么一步步达成了我们的最终翻番目标，说明你学习的基础打牢了。

班长这里先简单总结一下买入与卖出。优选的买点有两类，一类是多头排列并创出新高的，二类是完成均线多头排列且面临上方的压力有可操作性的。

当然，你不能只注意到买点，还要注意条件，因为是买点未必是“优选”买点。如果到现在你还不了解为什么要优选，除了你自己去从头再看外，别无他法。

关于两类优选买点，有几种买入？

对于多头排列并创出新高的，一是逢回踩支撑买，二是回调后再次站上短期均线买，三是回调后再次突破短期高点买。

对于完成均线多头排列且有可操作性的，就是逢回踩均线支撑买。

那么，卖出呢？都有哪些性质的卖出？一是出于锁定利润角度的卖出；二是出于保护成本、控制损失的卖出；三是势走我走、涨势结束的卖出。

对于持股呢？比如，出于保护利润角度的卖出，卖出后，只是这一波主升浪结束了，大的涨势并没有结束。在休整后继续拉升呢？你该怎么做？当然是再来一个轮回。

第一股：博腾股份 300363

如图 4–11 博腾股份所示，看 3 区那里，如果 5 日线锁定利润了，10 日线离场了，是空仓等再次站上均线确定新涨势了买，是否在趋势生命

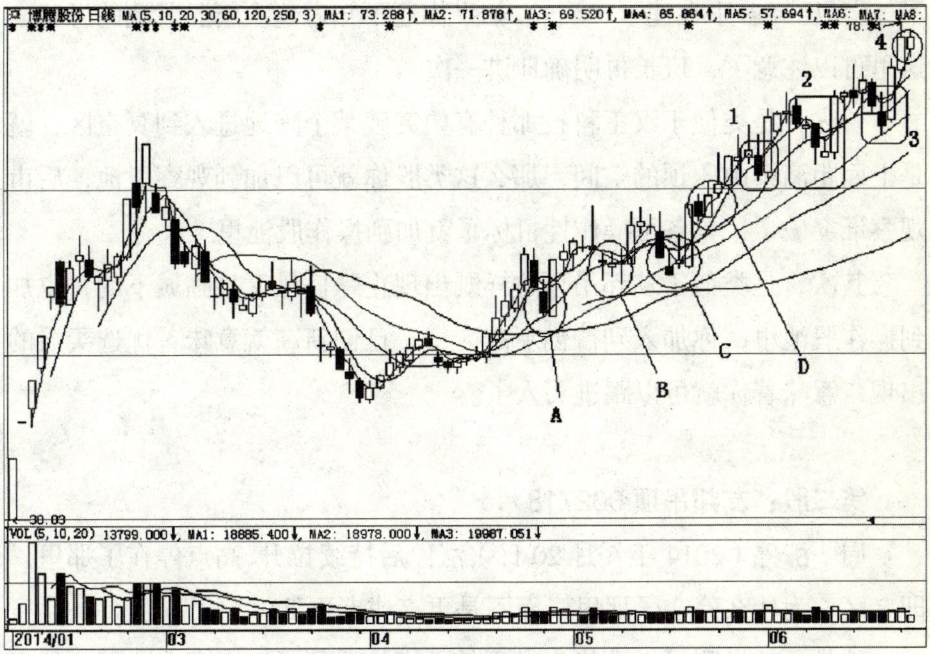

图 4-11 博腾股份 300363

线上再入一部分等待？两者都是可以的。

但是，并不能把这个 20 日线趋势生命线的买入归为我们的买点，只是归到持股部分的波段低吸点上，并且是可选的低吸点，不强制要求在这儿低吸。

对于不强制要求的原因，依然是为了让操作更简洁，尽可能少折腾，尽可能只有单纯的买卖。所以，当你觉得糊涂，不知道怎么办时，最好的操作就是不要兼顾那么多，卖出就卖出了，不再考虑其他，目前只按照简单的优选买点操作就行了。随着你的交易经验慢慢地增加，对于兼顾的部份你慢慢就知道怎么兼顾以及如何兼顾合适了。

当然，在我们专注于操作的时候，我们也不能只吃着碗里的而不看锅里的，尽管这句话是带有贬义的形容。我们要做到摘着熟透的苹果吃的同时，还要看着现在的小苹果哪个快熟了，以便后面下手。

对于班长说的建立自己的次新股股池，不知道你听过后是听听就算了，还是已经着手在建了。当然，如果你还不知道建次新股股池的思路，这里可以注意了，班长再明确地讲一次。

首先，是类似于汉王科技那种有望突破某个阵地进入到真空区，就是上面距离泰山压顶的空间，那么这类股你就可以加到观察股池，后市观察谁突破了，具备可操作性目标了就加到操作股池里。

其次，是类似于友邦吊顶这样既出现止跌信号又兵临城下的，也加到操作股池里，你加入到待创新高区，一旦创新高就意味着优选买点的出现，意味着你就可以跟进买入了。

第二股：友邦吊顶 002718

周一涨停（2014 年 6 月 20 日），涨停后持续拉升，高点停在了那里，即 8 区。为什么停在了那里，而不是更高或者更低？

不是更低说明了上涨势头，不是更高是遇到了 3 区高点。而 3 区高

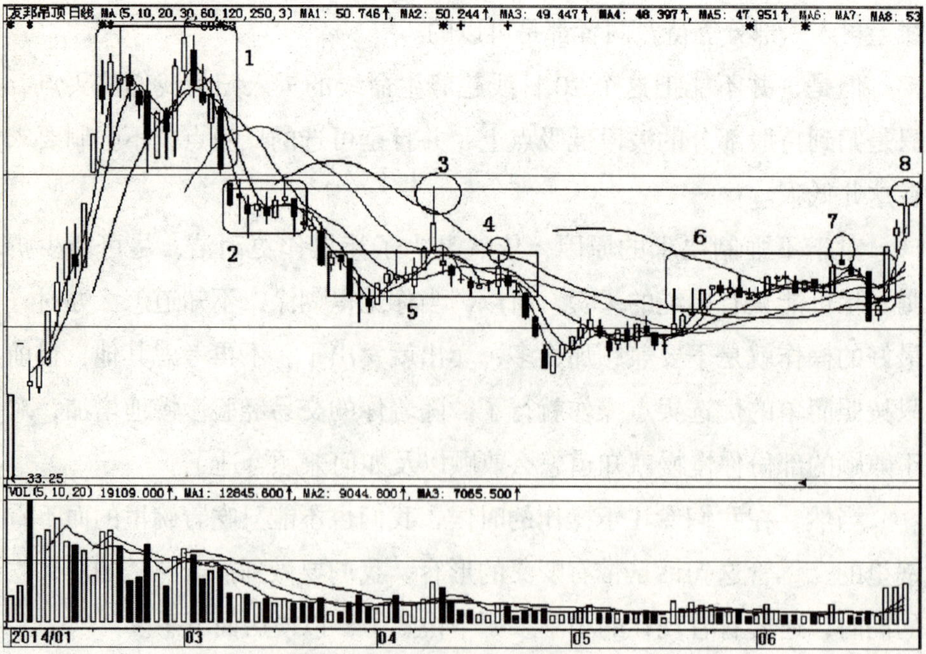

图 4-12　友邦吊顶 002718

点反映的是2区的密集区，而2区的密集区是1区杀跌后的整固，只不过整固失败跌向了5区。

跌向5区这个新的区域止跌，止跌失败后又进行了杀跌，如4区的反击未能反击成功。对于6区的止跌震荡区，7区的高点，对应了5区和4区。当然，这是不重要的，你看个大概就行了。重要的是什么？重要的有两方面：第一，6区这么折腾、7区高点，8区高点这些走的都这么磨蹭，原因不外乎密集阻力区的存在。第二，优选买点没有出现，没有出现优选买点的，就不值得太深入，看个大概就行了。

所以，看见涨停你也不兴奋，直至8区的上涨你也就是对其表示有兴趣，最终你要不要操作它，还看它能否突破1区创出新高。所以你要有个备战股池，装进这些有意要长熟的小苹果。一定要创新高才值得操作吗？

当然不是。问题是1区和2区紧挨着，空间不大，好了一个长阳，不好了就是6区、7区那里的磨蹭，出现持续性拉升的概率不大，所以还是奔着我们的优选去。

在旧账套牢密集成交区，也有少数会出现持续大涨突破的，只是这对少数相对优选品种来说，还是优选更具备优势。这点同学们要明白，我们只是选择了更具备优势的而已，而不是标准和必定。

第三股：创意信息300366

创意信息也是次新股（图4-13），是待创新高的关注品种，所以这时你能不能准确定位止跌信号那些不重要了，重要的是你一步能看出来6区到10区的涨势。更重要的是你一眼能看出来它面临1区的压力区，突破才会有可操作性的买点出现。

这里我们不妨再把走势大节奏捋顺：1区高点出现，失去阵地后退到2区，3区反击未能突出重围，经过4区的敌人反扑，又退到新的阵地5区，在5区阵地同样出现了反击，同样未能突出重围收复4区，再度杀跌退到6区。

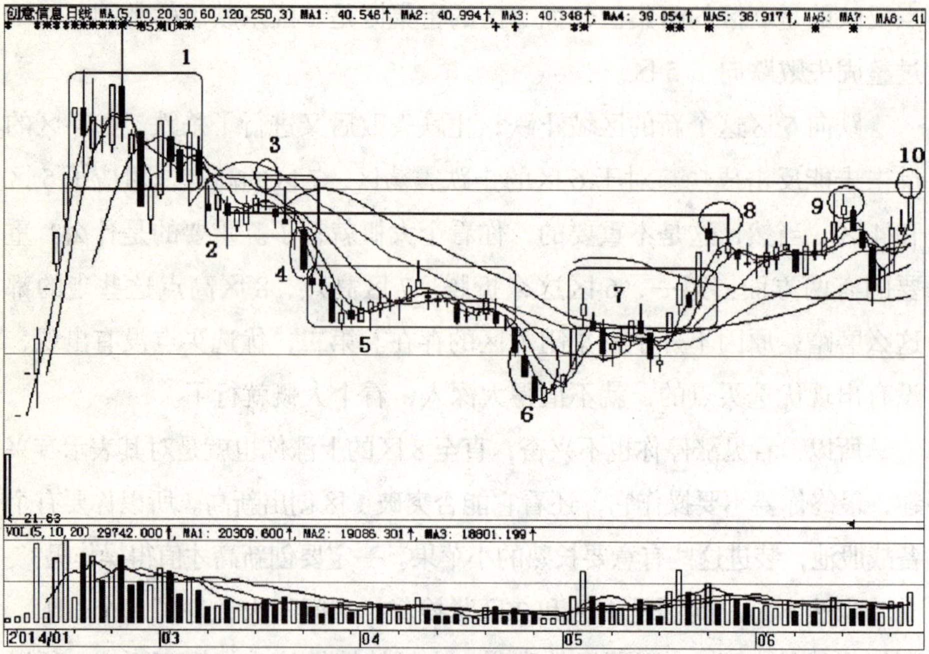

图 4-13　创意信息 300366

如果说 1 区、2 区、3 区、4 区、5 区、6 区是边打边撤，那 7 区、8 区、9 区、10 区就是攻一城守一地的步步为营推高。只是双方还在阵地中拉锯，还没有取得明显的优势，只有取得明显优势之后，进攻才会加速。那么我们要等什么？

当然，在双方拉锯中，如果阵地与阵地的间距大了，意味着也有可操作性，只是这样山连山挨着的阵地，很麻烦，进进出出几个点很费劲。作为小资金的游泳散户，买哪个都是买，当然是选择更有优势的买点操作。只是，要想随时都有更有优势的供你选择，那你就要有备战股池了。这就是备战股池的重要性，不然还要看到哪个就临时起意操作吗？

第四股：全通教育 300359

昨日（2014 年 6 月 24 日）有同学问班长，3 日线追买行不行呢？班长说了可以。而今日（2014 年 6 月 25 日）走势很配合，继续拉升。

走势用实际行动告诉我们了什么叫顺势而为。对于新高后的股票没有压力一身轻，拉升起来自然要容易的多。我们在前面也没少观察，那些活跃区、活跃度强的出现在哪里？那些走的磨磨蹭蹭的出现在哪儿？这些你都了解了，剩下的就是你选择什么样的股了。

比如，你选了一只股，首先你看看它在什么区域，我们讲的优选条件是什么？你选的股符合不符合优选条件？这样对症下药，操作才会取得事半功倍的效果。

当然，全通教育（图 4–14）这样一天一个大阳，直线拉升的怎么持股呢？同学们可能更习惯问怎么卖出呢？其实,问法透露了你的看法。

卖出是有很多种的，到底怎么卖，真的要根据情况来选择卖点。而持股的原因是什么？持股是为了获利，也就是说，问题是怎么持股才能更好的获利。那么，一旦不能获利那不就是不持股？不持股不就是自然而然的卖出了？

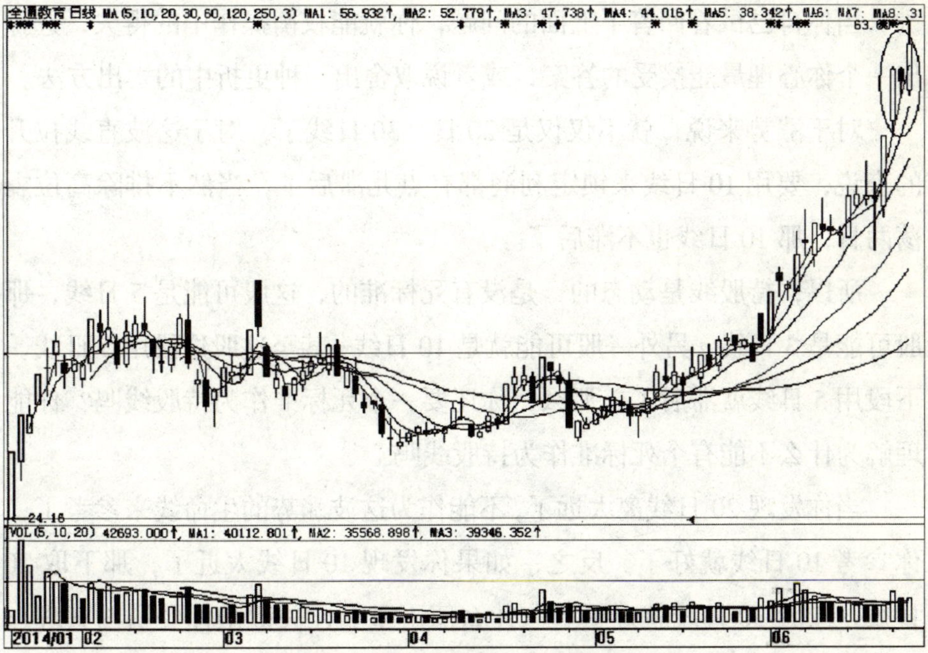

图 4–14　全通教育 300359

持股是为了获利，意味着要上涨才有获利。反之呢？也就是说，不上涨了，不能获利了，也就要卖出了。那么，我们开头说的三种卖点，你取其二套入其中运用就好了。

锁定利润的卖出，是对应了不上涨了、不能获利了，当然要锁定利润不持股卖出了。

结束涨势的卖出意味着升势结束了，持有下去不仅不会获利，还要回吐，甚至还要损失，那么你还持有它干吗？所以卖出。

全通教育是怎么锁定利润呢？

跌破 3 日线就卖出的好处是什么？不好的是什么？跌破 5 日线卖出的好与不好各是什么？跌破 10 日线卖出的好与不好各是什么？

3 日线跌破、锁定利润卖出的好处是会锁定更多的利润，但是 3 日线更容易跌破，承受波动小，这是不好的。这样的思路班长在前面讲了不少，剩下的 5 日线卖出的好与不好、10 日线的好与不好各是什么，你自己去回答了，可以参考上面 3 日线卖出的好与不好。

当你自己试着回答了上面的问题，你就能权衡操作中的得失，选择出一个你心理最能接受的答案，或者说取舍出一种更折中的卖出方法。

对于涨势来说，就不仅仅是 20 日、30 日线了，对于这波直线拉升的来说，要用 10 日线来锁定利润都有点儿滞后了，当然不排除高位震荡两日，那 10 日线也不滞后了。

所以，持股线是动态的，是没有死标准的，这股可能是 5 日线，那股可能是 3 日线，另外一股可能就是 10 日线；甚至这股这段用 5 日线，下段用 5 日线就滞后了。那么，你还要一个死标准作为持股线吗？你能理解为什么不能有个死标准作为持股线吗？

当你发现 20 日线离太远了，不能作为这波涨势的生命线来参考了，你参考 10 日线就好了。反之，如果你发现 10 日线太近了，那下取 20 日线，或者 30 日线就好了。取什么值不重要，关键是你要明白其理，取舍出发点要始终清楚而不偏离，就像锁定利润究竟是 3 日、5 日线，还是10日线，让你自己明白得失、权衡利弊去选择。

第五股：博腾股份300363

博腾股份是同上一节的全通教育一起讲的，今日（2014年6月25日）盘中也一度上涨4%（图4-15），说明的是什么就不再重复了。这里要说的是什么，对于想买的来说，新高后回调逢支撑买，对不对？当然对。

对于已经在持的，持股线怎么设？一半仓位你要根据出于保护利润的角度设定持股线，一半仓位你要根据顺应涨势的趋势来设定持股线。前者锁定利润角度的设定持股线我们就不说了。我们来说说后者顺应涨势趋势的持股线怎么设定。

把涨势设成10日线可以吗？

当然可以。但是，在没有跌破趋势生命线20日线以前，这股很有可能梅开二度。

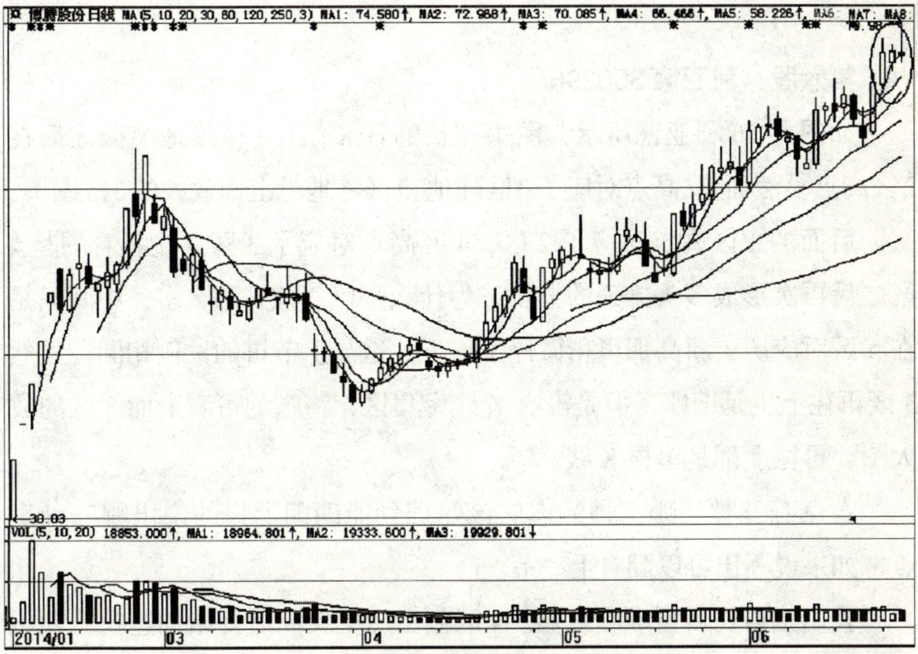

图4-15 博腾股份300363

所以你要设置10日线可以，但是在趋势没有彻底结束前，你还要有后续的配套操作。这就像我们迈三步可以到达终点一样，你说你要先退二再进五可以吗？有什么不可以的，当然可以。

你要知道的是，10日线是根据主升涨势的，但是趋势的生命线没有结束，你10日线那里彻底离场了，要么再回到20日线补一半进去，要么等收复短期均线，甚至越过前高后再一头扎进去。

至于你究竟怎么扎，是收复10日线一次、收复5日线一次，还是全部收复了再一次性回去，都不重要，重要的是你要明白趋势没有结束！为什么不重要？因为方向对了，随便怎么做，相信在你方向不错的情况下，会越做越好的。

事实上，你在5日线锁定利润一半，10日线结束这波主升卖出剩余一半，在20日线再买回一半，相当于做了一次高抛低吸的持股，而持股角度由原来的主升持股下调到了趋势持股，这样做当然没有错，但是最好是只做主升段。

第六股：利亚德 300296

如图4–16利亚德所示，图中拉长的日K线，2区阵地突破之后在2区高点戛然而止，高点对应了3区阵地（3区阵地见上面放大的3区图）。

后面的1区高点对应了2区，4区高点对应了3区，注意看的是4区之后再次形成多头排列的上攻，为什么一口气拉升那么多？中间只是在5区对应历史新高那里稍微停了一下。这与上节讲的一例相同，虽然3区再往上也是旧账，但是没有K线密集区，清晰的可看上面3区的放大图，再往上都是单根K线。

卖点有三种。哪三种？你应该熟练到能朗朗上口的说出哪三种卖点，如果说不出可以翻看上一节。

我们接着往后捋顺利亚德。4区创出历史新高后开始加速拉升就不用多说了吧（图4–17）？

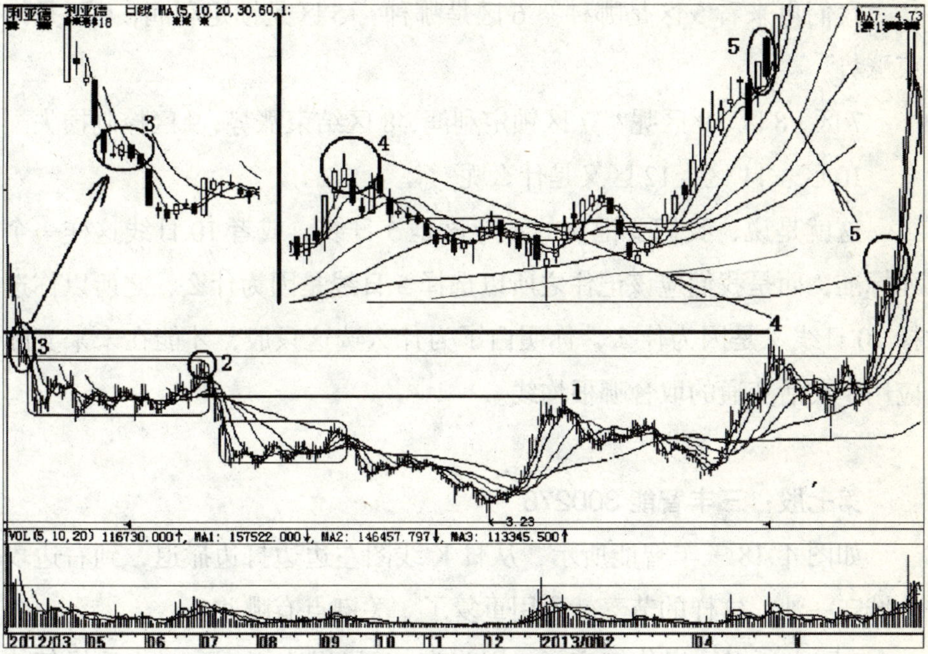

图 4–16　利亚德 300296

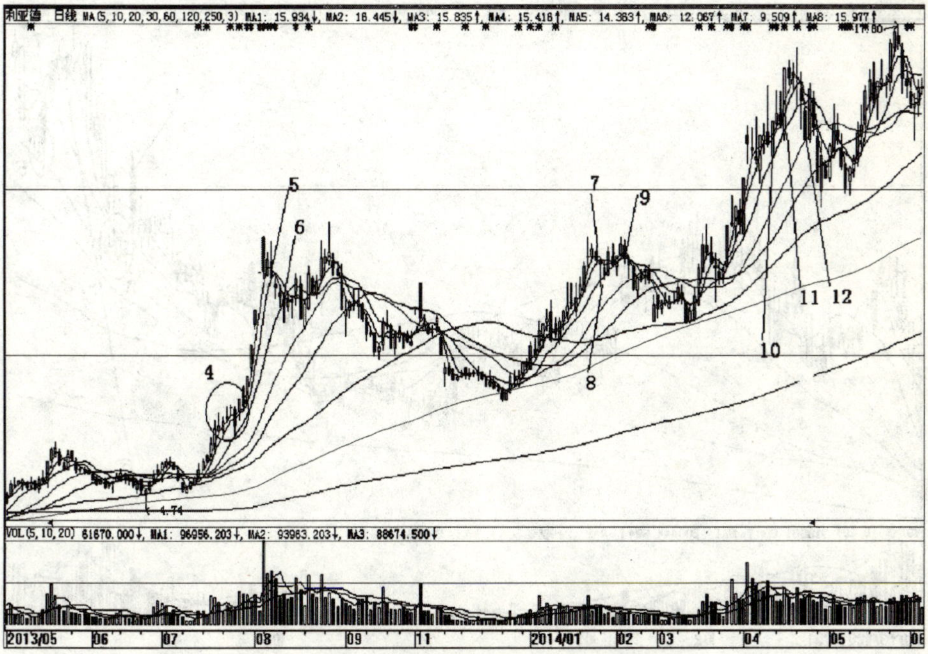

图 4–17　利亚德 300296 后续走势图

我们再来看5区是哪种？6区是哪种？5区是锁定利润，6区是结束涨势。

7区、8区、9区呢？7区锁定利润，8区结束涨势，9区控制损失。

10区、11区、12区又是什么呢？

这就是说，我们要记住的不应该是5日线，或者10日线这样一个死标准，而是我们应该记住之所以选择5日线是因为什么，之所以你选择10日线又是因为什么，你明白了为什么选这只股，才能在未来实际应用中灵活变通的取舍哪根均线。

第七股：三丰智能 300276

如图4-18三丰智能所示，从日K线图左边边打边撤退，到右边攻一城守一池，这样的节奏就不用重复了。关键点有哪些？

3区之所以缓慢你知道了，因为有2区旧账压力区；2之后缘何能

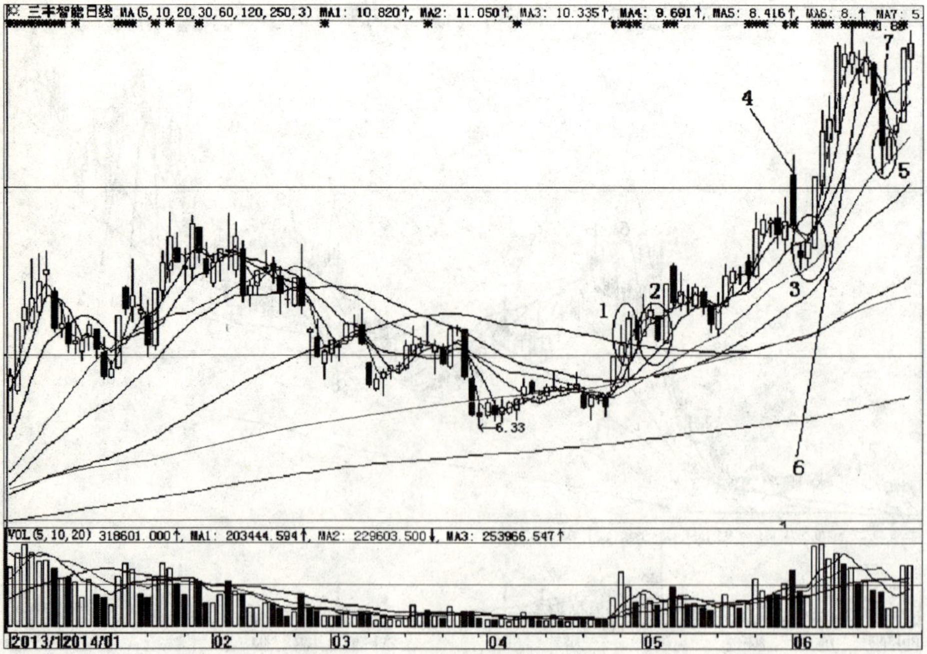

图4-18 三丰智能 300276

直接突破 1 区你也找得到答案了。

能直接突破 1 区是一回事，但是这波为什么就涨这么多？你也应该知道是 1 区空间决定的。这也是为什么 4 区之后的 3 这波能持续这么大。

1 区、2 区的突破均线与回踩，及之后的拉升；4 区、3 区突破新高与回踩，及之后的拉升；不同的买点，买入后的效果自然不一样。

6 区这里的 5 日线，7 区这里的 10 日线，5 区这里的 20 日线，它们各是什么？

6 区是锁定利润的卖出信号代表，7 区是涨势结束的卖出信号代表，5 区是趋势生命线买进的代表或者说波段低吸的代表，但不是我们优选买点的代表，因为这里面临止损的可能性更大。

班长回答问题集锦

问：友邦吊顶的 2 区密集区换到前高的左侧，右侧是单根下跌 K 线，这是不是假真空期呢？

答：为什么 2 区这里会停住？因为左边是一个跳空拉升。那么如你所说，左边是密集区，这里一根 K 线下来了，说明左边的可以忽略掉了。

第三节　在得失利弊中找到平衡点

虽然这节后面还有一些内容，但因为后面是总领全书的概况，所以在进度上这一节就是最后一节了。虽然内容不多，但是琐碎点比较多，在看这一节时，同学们注意结合自己的问题找答案，并做好笔记。

卖出的角度有几个？有三个。一是为了锁定利润而卖出，二是结束涨势的卖出，三是控制损失的卖出。

这三个要始终存在我们的思维当中，也只有这样，我们才会在如何卖出这一问题之中，找到客观而适用的答案。否则一个如何卖，永远无法选择，左也不是右也不是。只有这样熟悉各种卖点，对什么情况选择什么卖点有何利弊都了然于胸，才能真正避免再出现左选右选都不合适的情况。

一个真正成熟的操作者，不是他有好办法可以避免不好的，也不是他有好办法总能抓住最好的，而是他能用策略去面对不好的，他能用智慧去找到得失利弊中的平衡点。

下面我们结合实际情况，来看具体案例。

第一股：华录百纳 300291

如图 4-19 华录百纳所示，从底部买进的，到达现在的高点如何卖出呢？

或许你不仅不会再这样没有任何条件说明的问如何卖了，甚至你现在看到班长这样问，都要说："班长你能不能问的有点儿针对性，我们也好针对性回答啊？"

那么问题描述是，一路涨上来，我害怕跌，我担心好不容易到手的利润坐电梯，我该如何卖呢？

你应该会说："原来你是担心万一跌了，担心利润坐过山车啊？"

当你知道我想卖的原由，或者明白我想卖的出发点了，把我想卖的原由结合起来再给卖点建议，是不是就非常简单了？

首先是万一跌了趋势结束了，其次是跌了保住利润。那么选定的持股线，一个是能发现趋势结束转为跌势的，一个是保住利润的。

如果只是保住利润，3 日线岂不就好？但是 3 日线保住利润时，与前提"下跌了"是不是冲突呢？当下跌都还不是下跌只是回调时，你的卖出还是原来要的卖出吗？

所以，对于好的操作者，他的内心是无比清澈明晰的，而要做到清澈明晰这一点，不是什么难事，你需要的只是那么几分钟把问题的实质搞清楚。

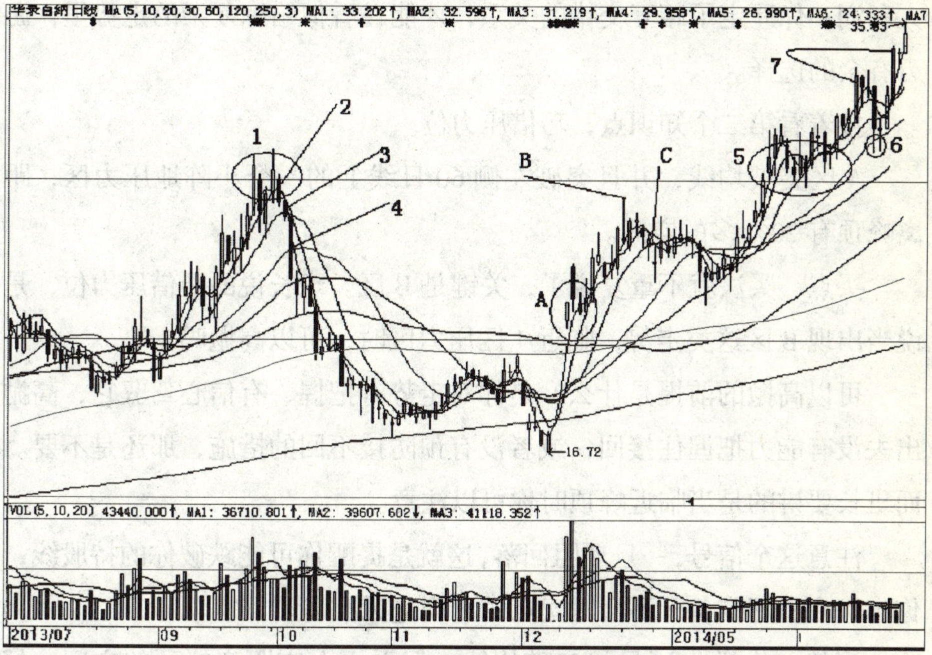

图 4-19 华录百纳 300291

当卖出不是原来要的卖出，你发现顾此失彼了，只顾到利润没有顾到走势趋势，这下你不看 3 日线，蹦到 10 日线了。但是你又发现跌破 10 日线损失的利润要比 5 日线大，尽管跌破 10 日线更能确认主升结束了，但是有没有兼顾的方法呢？

于是，有了 5 日、10 日线两条持股线，跌破一个就卖出一半。

当然，更关键的是你知道了为什么选择这样的卖出。你不知道？那就看上面几段。你也应该知道为什么在该股这段走势里，不选择 3 日线或 20 日线了。如果你还不知道，还是回头看上面说的假设 3 日线时的 10 日线的弊端，10 日线的弊端知道了，20 日线更是了。

这是卖点的选择，你要记住的不是几日几日 K 线，你要记住的是在选择中的取舍思路，因为只有你透彻了解选择的思路，你面对另一次操作时，才会选择合理的卖点。

操作是为了利润，但又不仅仅是保住利润，还要谋求发展、谋求扩大利润；你厘定了相互交错的关系，才能在看似错综复杂的走势里，游刃有余的选择。

接着看第二个知识点，巧借压力位。

A 区突破均线，并且突破左侧 60 日线上的一个小阵地压力区，距离峰顶有 20% 多的空间。

买点、买法就不重复说了，关键是 B 区。班长说的巧借压力位，是说当出现 B 区这类走势，临近 1 区压力区时，可以高抛吗？

可以高抛的前提是什么？是你对走势有把握、有信心驾驭它，高抛出去没有能力把握住接回，或者没有预防接不回的措施，那还是不要。而班长要讲的是当临近峰顶时你可以注意。

注意这个信号，一旦遇阻回落，这就是提醒你可能跌破你的持股线，你也好有心理准备，不会对卖点的出现毫无准备。

当然，你说 A 区虽然突破均线，但看不上它距离峰顶的空间，好股票那么多，新高的我还看不完，等它新高再说。如果你是这样的想法，完全没错，甚至还很好，挑肥拣瘦本来就是属于你的优势，所以当突破新高的 5 区出现时你才操作。

我们在 1 区、2 区、3 区、4 区说了 5 日、10 日线，你知道是哪根均线不重要，而重要的是，一是不能跟你的操作初衷相违背，二是你知晓选择卖点的思路。所以，5 区的跌破 10 日线对你来说很正常。因为这里既不是锁定利润的卖出，也不是结束涨势的卖出，而控制损失的卖出也不存在。

为什么不存在？那你就要想想为什么要控制损失？控制损失的卖出说明走势跟我们预期的不一样，不仅不一样，还逆向而行了，所以你要卖出。那么生命线显然就不是 10 日线了。不是 10 日线，那就往下参考 20 日线。当 7 区突破新高后，走势也比以前更强劲了。

看 7 区对应的大阳线，这在 B 区之后几乎没有再出现了，直到 5 区新高后。注意看 6 区这里，跌破 20 日线。

在5日线出于锁定利润走了；在10日线因为主升结束走了。

在20日线这里，你可以怎么操作？上一节讲的，你可以搏击一次生命线起死回生。当然，你也可以放弃，等到重新走回均线之上再谋求操作。

对于6区这里击穿20日线类型的，有不少同学问，究竟是盘中跌破就走，还是尾盘？

假如你是盘中跌破时损失2%，你盘中不管，但到尾盘时损失8%了呢？可见尾盘再看不合适。

但是盘中跌破你就走，尾盘收回的就不说了，要是击穿震仓立马收回甚至还大涨，你岂不是要崩溃？

所以，我们才说中庸，我们才讲折中的智慧。最简单的例子，比如，20日线位置是10.58元，你盘中可以允许跌到10.55元甚至10.50元，一旦超过这个幅度就毫不留情的走人，如果不超过这个幅度，说明比较缓和，可以再观察观察，但要做好随时走的准备。

以上是以华录百纳说三个小知识点：如何选定卖点、巧借高点、止损卖点的设定。

第二股：利亚德300296

上一节我们讲了“边打边撤的下跌”对应“攻一城守一城的上涨”节奏。

看利亚德的走势（图4-20），1区下来，2区、3区的步步推高之后出现了A段、B段的加速拉升。这就是说，在面临1区的压力山，经过一波（2区）又一波（3区）释放压力之后，再上来就要比第一次上来突破的希望大。

1区如果是一个创新出来的历史高点，当3区再次上来，完成多头排列，这样你可以把它当成一个有希望突破的信号来看。

当然，除非你没有更好的操作标的了，你可以做做经过几波释放压

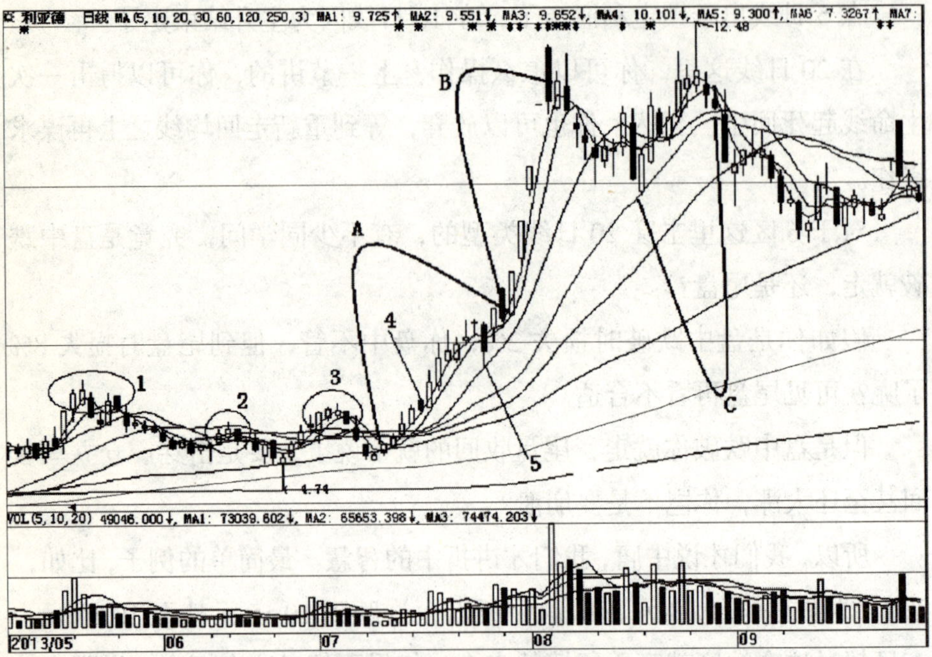

图 4-20　利亚德 300296

力之后再次完成多头排列上来的。否则，咱们还是孙大圣吃蟠桃，专吃那一口红的。

不过，这里要讲的知识点是另外两个。

第一是 4 区、5 区的回调，它们分别对应了 3 区高点和 1 区高点。

为什么在 4 区、5 区回调？说明遇到了高点，即便不是横在前面的一座山，但大大小小也是一个阻碍，小到这里的细节，大到我们说的可操作性。但是，我们可操作性说的是真空区，是操作空间，和这一个小阻碍是一样的，你只需要了解到这可能诱发回调就够了。

第二点是 A 段和 B 段。

A 段沿着 5 日线，结束于 10 日线；B 段沿着 3 日线，结束于 5 日线；C 段结束于 20 日线。

我们看 A 段的拉升，一直不破 5 日线，当破了 5 日、10 日线，这一波是不是宣告结束了？当然，这一波主升结束不意味着大趋势结束。

这一波结束之后，经过整理再度展开新一波拉升。

新一波拉升 B 段，比上一波拉升 A 段更强，连 3 日线都不破。当破了 3 日线，开始挣扎，不能继续拉升而跌破 5 日线时，这一波又结束了。

如果华录百纳的主升是 10 日线，锁定利润的是 5 日线，你套到 A 段这一段还适用，但是你套到 B 段这一段呢？你可能更直观的发现是当 B 段跌破 10 日线再离场，损失了不少利润。所以呢？

因此你要看看，卖出的初衷是什么？班长上面讲的为什么要卖出？卖出的角度是什么？有了究竟，你还要标准吗？还会追着班长非得给一个死标准吗？不用也不要了，因为你知道了思路，你会具体结合什么样的股得出一个你认为最适合这只股的卖点。

当你做到了上述，相信就算班长不问情况随便给你说一个卖点，你都会笑话班长。因为不懂的你给他了，他会说声谢谢，但是懂的你给他，他却明白你不懂，因为你的操作出发点只有你自己才清楚明白。所以在 B 段，你知道这么直直的拉升，要锁定利润的卖出，必然和那些缓缓的拉升不一样。缓缓拉升那里兼顾的 10 日线，到这里就是 5 日线，那里 5 日线兼顾，这里 5 日线滞后，那么要 3 日线。

反之，如果是缓的比缓缓的 1、2、3、4 区还缓呢？就像华录百纳的 A、B、C 段，那恐怕只有 10 日、20 日线才能兼顾利润与趋势了。

第三股：阳光电源 300274

如图 4-21 阳光电源所示，A 段 10 日线是每次回调的低点；B 段 20 日线是每次回调的低点；1 处破 5 日线，跌到 2 处的 10 日线获得支撑再拉升起来；3 处破 5 日线，跌到 4 处的 10 日线获得支撑再拉升起来；5 处破 5 日线，6 处破 10 日线，跌到 7 处的 20 日线再度获得支撑。

当然，这里要讲的不是重复刚才说的持股线 10.58 元放宽一点到 10.50 元了，而是你若记得班长讲的按锁定利润卖出。这里通过不同角度的卖出和介入完成做波段。

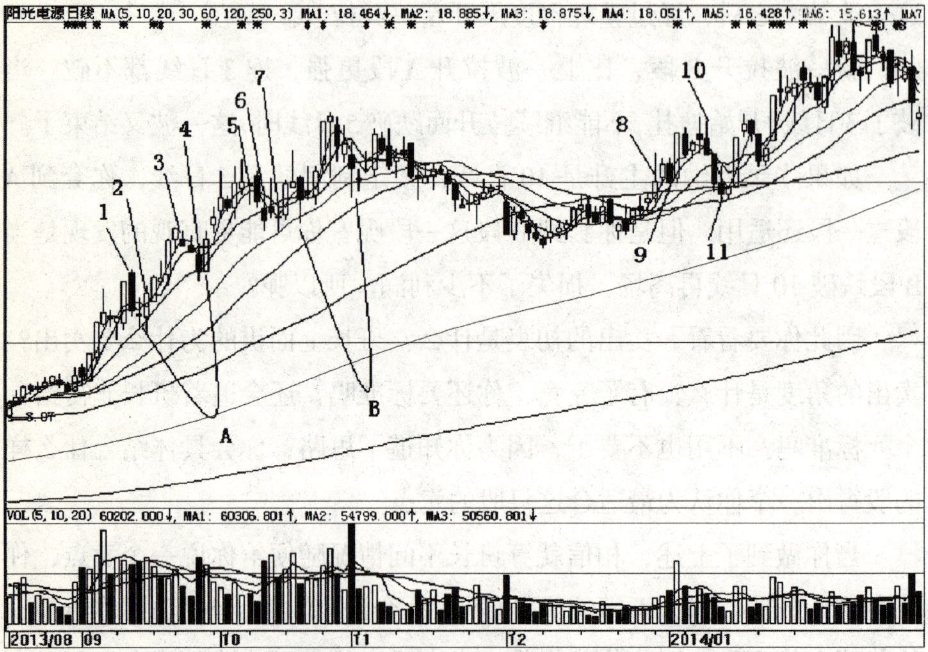

图 4-21　阳光电源 300274

不过，我们优选操作不是为了波段，所以你就算做波段也不是为了波段而波段，而是在锁定利润和趋势生命力之间掌控的游刃有余。否则，就不要为了波段而波段，免得自己陷入波段中不能自拔。

8 处的突破，9 处的回调买进，10 处的临前高注意当心卖点出现，11 处的生命线获得支撑。至于后面的拉升和最终走势的衰竭，相信你照猫画虎能看懂了。

阳光电源这里的重点就是，在锁定利润和趋势生命线之间，来回转换的卖出和买进,需要同学们结合卖点的角度和买点的角度来反复加强熟悉。

第四股：开能环保 300272

如图 4-22 开能环保所示，A 区反抽了 1 区遇阻回落，B 区既是遇阻 A 区,也是受制于 1 区压制。2 区遇阻 B 区,故有回调 3 区。经过 A 区、B 区的两轮上攻，对 1 区的阵地消化有了，所以 B 区之后再次形成多头

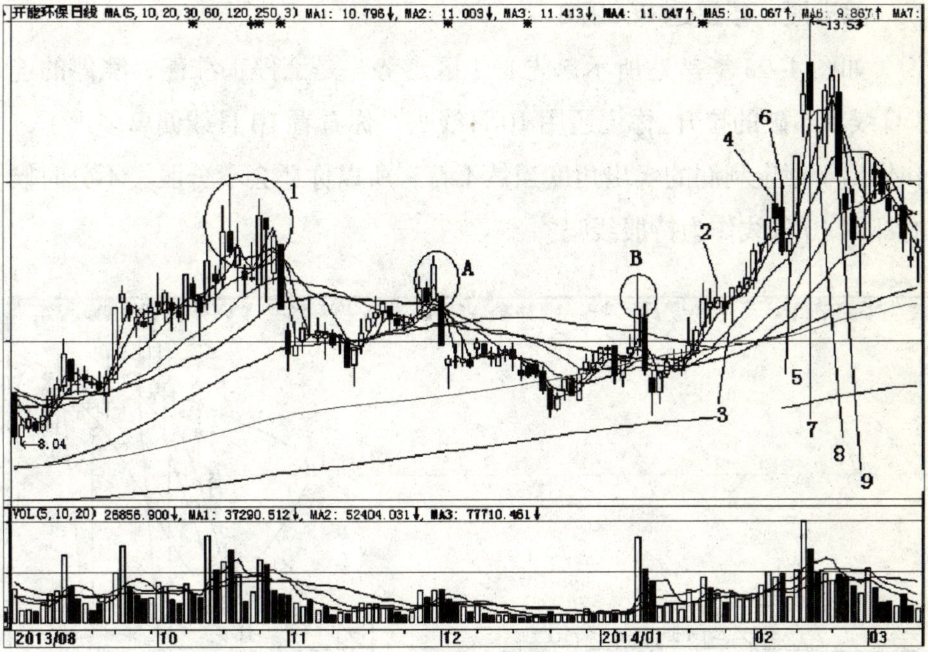

图 4-22 开能环保 300272

排列时一路拉升上来了。当这样一而再的上攻出现时，是什么信号？上面刚讲过，如果你不知道翻看自己的笔记，查找关于上涨信号的内容，如果你没有笔记又不知道，除了自己复习和补习笔记，没有人替你。

当然，当 2 区遇到 B 区的高点时还会停留，故有 3 区的回调，之后一路拉升。

4 区过了 1 区高点，6 区跌破 5 日线，5 区回调 10 日线获得支撑再度拉升。

同样这里为什么是 10 日线？5 日线太近，20 日线那么远，你说谁合适？当然 10 日线最折中是个平衡的选择。

7 区跌破 3 日线，8 区跌破 5 日线，9 区跌破 10 日线，这里如何卖出？

这又要回到本节开头的华录百纳那里。首先你确定卖出是出于什么角度的卖出？这样你自然能在 7 区、8 区、9 区当中找到答案，明白在哪里卖出了。

第五股：华昌达 300278

如图 4–23 华昌达所示，先看 1 区走势，是涨停、涨停、涨停的连 3 日线都不破的拉升，你说还用 10 日线吗？你看看 10 日线偏离多远了，和你出于锁定利润的卖出角度当然不符，所以你还会不分股、不分时候的都用 10 日线作为持股线吗？

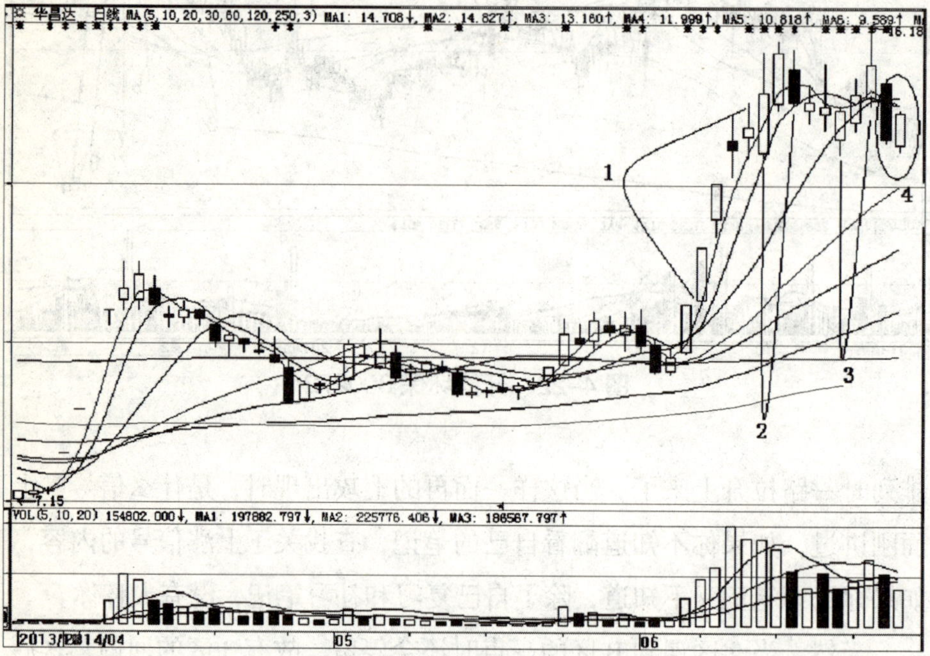

图 4–23　华昌达 300278

再看 2 区走势，回调 5 日线后再度拉升；3 区则是挣扎在 10 日线，最终跌破宣告涨势结束。

我们之前看到了趋势由缓到急的节奏，这里你也应看到由急到缓的节奏。这就像一个皮球，刚开始着地时很厉害，连 3 日线都不破，慢慢地到 5 日线再到跌破，又慢慢地到 10 日线，最终跌破 10 日线。

这里更重要的是跌破 10 日线后开始变熊了，而破 10 日线后的几日，同期个股大涨的很多，这股为什么不厉害了？是的。它在 10 日线之下，短期受制的压力多，所以短期不起来了。

这股不仅让我们看到不同的拉升段，还让我们知道了，虽然卖出不能确定为一个标准，但是只要我们确定了卖出角度，自然就可以确定用什么方法卖出了。

不过，再厉害的股，也都是从走势开始的。这也是为什么我们优选的是走势，而不是基本面的原因。基本面再好，走势还在冬天，就不可能让股价激情四射。

当然，走势已经步入春天的，谁更有可能更快走进夏天？如果你能结合盘子大小、业绩好坏、题材选业绩更好的、盘子更小的，当然最好不过了。学习，首先应该是主动性的，知识点不能让班长说着才知道记录，更不能等班长提醒了还不知道记。不然你又要问为什么你优选的目标，没有别人优选的目标涨的好？因为走势条件上你和别人一样，但是别人又进行了一轮基本面筛选。

第六股：汉王科技 002362

如图 4-24 汉王科技所示，为什么 1 区、2 区、3 区、4 区这里半死不活的？

现在你能看懂走势了，知道之所以半死不活，是因为受制于 A 区这座山了。

但是你也看到 1 区、2 区、3 区的不断推高，所以，当 4 区这里如果加速拉升，你意外不意外？

当然不意外，你等的就是加速，等的就是越过 A 区压力山后打开新的一片天。

对于全通教育、博腾股份，我们还有必要再说持股吗？股没变，走势在继续，策略不变，你需要的不是班长反复的重复讲，而是反复地学习，重复地熟悉，从而加强意识和思路。

其实，我们一开始就讲到了，为什么要认识狼。因为不认识狼的话，就算是给你只肥狼你也认不出，就算交给你猎杀方法了，你若不识狼，

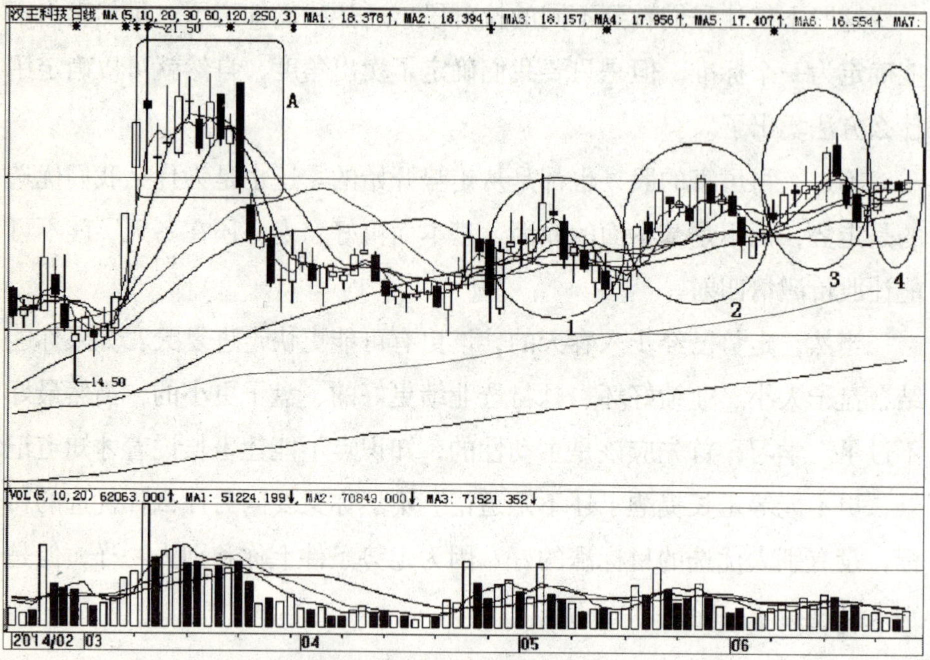

图 4-24　汉王科技 002362

还担心你猎杀的不是狼而是熊了。

如图 4-25 所示，这是班长在第二章给的第二批预习股，除了前 4 只已经走出来的，只剩 8 只。看看今日（2014 年 6 月 26 日）的涨幅榜，两市一共有 2490 只股票，39 家涨停，我们这 8 只，5 个涨停，而全通教育已经快翻番了。

1	300216	千山药机
2	300076	GQY视讯
3	002362	汉王科技
4	002699	美盛文化
5	002712	思美传媒
6	002718	友邦吊顶
7	300380	安硕信息
8	300366	创意信息
9	300359	全通教育
10	300365	恒华科技
11	300357	我武生物
12	300363	博腾股份

图 4-25　12 只例股

翻番的是股，但是股翻番不等于利润翻番。你不懂、不识、不会，就算给了你又如何？就像在本章中时有同学问全通教育回踩 3 日线是不是买点一样，讲了是，那一天一个涨停又怎样？关键是你要懂，你要明白，你要会，这样才能真正做到、赚到。

对于优选品种，创新高的次新股要比较早点儿的次新股更好，这是优中选优。

所以，当你分不清那些步入多头排列突破均线后面临的真空区时，如果有时间，学习是最好的办法。如果没有时间，干脆不看麻烦的了，直接看新高的，不就好了吗？

那么，对于班长说的备战股池和操作股池，还需要班长再重复说你才建立吗？你不知道如何建立，不需要班长重复说，需要你去往前翻看复习，看到关于怎么建立股池的，就拿笔记摘抄出来。

本节作为本书的最后一节，到这里你应该明白一个道理，你放弃的越多，你的操作越简单，操作质量越高，得到的越多；反之，你一网打上来的除了小的可怜的鱼虾，还有把你渔网缠的心焦的垃圾。

这一节也是总领全书的，因此给同学们留概况做减法，来结束这一节内容。①请同学们做减法，每节用 1~3 句话概括，就是你看完每节挑出 1~3 句话，或者用你的 1~3 句话概括；②请同学们把班长冗长繁琐的讲解放一边，只挑出最有用的、最关键的知识点。

班长回答问题集锦

1 问：班长看到同学笨时会心酸吗？

答：不会心酸。但看到只知道问，不静下心看的同学会心酸。

2 问：早点儿的次新股是什么意思？

答：就是今年上市的要比去年上市的好，去年下半年的要比上半年的好。时间越短，套牢盘越少，纠缠区越少。

3 问：这就是班长说的决战次新股主升浪吧？专抓次新股的主升浪。

答：主升浪也好，次升浪也罢，只是达成翻番目标的一种手段。

4 问：能不这样理解，其他个股的主升浪可能复杂，做次新股的主升要简单一点儿，大道至简呀！

答：要这样理解显然没错，但不全对，这只是其中的一个因素。其他因素事实上都展开了，在前面内容强调次新股为前提时，展开了很多为什么是次新股的内容。

5问：300325是前一日（2014年6月25日）入的，5日线持股线破了，要走吗？

答：卖点是相对才产生的卖点，所以对你来说是不是最适合的卖点，要看你的出发点是什么。学完、看完前面班长讲的你不能还不知道，如果你真的不知道，除了复习、摘录笔记能真正解决你问题背后的问题，别无他法。

6问：班长，像002067这样的老股可以套用本书内容吗？

答：可以。但是我们为什么决战次新股，为什么优选买点，这样的问题在书中多次说过，你不能不清楚。

7问：如图4-26友邦吊顶所示，对于创新高的，一是逢回踩支撑买，二是回调后再次站上短期均线买，三是回调后再次突破短期高点买。这三个买点班长可以弄幅大图看看吗？

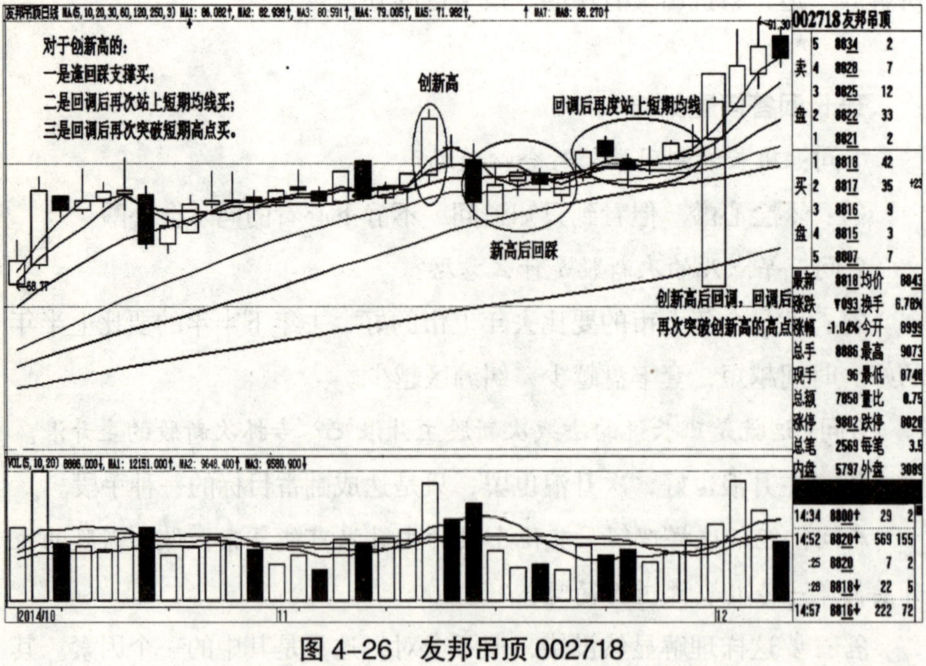

图4-26　友邦吊顶002718

答：你最好看看眼下的全通教育、博腾股份，然后想想自己的操作。自己操作的是什么？为什么讲了这股，你却没有要，你想要的是什么？究竟是怎么想的？再反观自己的操作，为什么自己想的是涨的牛的，买的却是跌的熊的？究竟怎么想的？从中找到自己的问题所在，以便让自己突破到一个新的高度。

总结概况做减法

在开始前，我们先看一个问题：当我的操作能成功 80% 的时候，我的胆子就会大了。

回复 1：每次如果止损 3 个点左右，而赚的百分之几十，成功率哪怕是一半也是赚多赔少。

回复 2：班长说得好，无所谓怕，怕是因为没有厘清。

关于成功率的问题，不少同学还醒悟不过来，认为只有十战九胜才是厉害的操作者。其实不然。就像上面回复 1，如果操作失败亏损 3% 左右，如果操作成功的不说百分之二十几了，只需要有百分之十几，这里的成功率哪怕只有 50%，甚至 40%，获利都很不错了。然后，有同学还在说，如果能成功率达到 80% 才不怕。其实无论是怕或不怕，起码说明了有这样问题的同学，连辩证客观看待成功率与收益比之间的问题都不能做到。这里针对成功率班长解答两个小问题。

第一，成功率高和成功率低，跟收益高低不一定成正比。

就像回复 1 说的："每次如果止损 3 个点左右，而赚的百分之几十，成功率哪怕是对一半也是赚多赔少。"或者说你在优选次新股里折腾了 50 次，除去止损和小盈的，抓住两波主升浪的，也是翻倍，这样成功率可能只有百分之几，却足以让你翻倍。

所以，同学们对这个成功率和收益率的关系要有客观全面的认识，当你对这个认识足够了，才懂得为什么要坚持优选操作。

第二，是怕的问题。

其实，怕的问题和成功率的问题，在根源上是一样的。之所以对成功率有错误的认识，是没有深究其中的关系，而怕也是你没有厘清关系。

什么股能让你买了不怕？什么股都存在下跌的可能，但是怕或不怕都是你的心理，而你的心理决定不了走势，更决定不了盈亏。能控制盈亏的是操作，怕时用操作应对就好了，就像我们卖出的一个角度就是止损，怕不能解决问题，损失在所难免，而止损可以控制损失幅度。

涨的凶，不敢追，追了怕套。

可事实上，上涨中的股票，只有一次下跌是可以扭转涨势步入下跌势的，其他都是调整。所以，当真遇到下跌了，你控制损失就好了。比如，跌5%你离场了，哪怕剩下再跌50%，跟你又有什么关系？

作为本书的总结，要讲的还很多很多，班长甚至想把所有知道的都给同学们讲完，但是一口吃不成个胖子的道理同学们都知道。所以班长也少讲，而同学们也少求，每走一步，力求走稳一步，我们才能走得更长远。

当然，说这句话的原因是经常看到有同学见到别人说一个新方法，或者一个老技术新叫法，他就感兴趣的不行；看到别人抓个涨停，他就想赶紧问别人是怎么抓到的，要学习。

这样看似是很积极的行为，其实是阻碍你在操作水平上突破的最大障碍。

在本书中班长也讲到过类似的内容。修心内观，不是自宫或者斩断七情六欲，是可以坦然地面对内心的杂乱想法，在这些想法出现时可以屏蔽掉。修心、修炼只是个屏蔽器，而这个屏蔽器是同学们最需要学习的。

同学们要学着去屏蔽掉各种诱惑，专下心来走好自己的每一小步，硅步千里。把自己有限的精力用到一处，就像把你有限的资金用在优选的买点。所谓一通百通，不就是这个道理吗？

你知道在操作上做优选买点了，你也应该知道在“操作你自己”时做优选，而不是对任何买点都感兴趣的要尝试。

当然，对新鲜的东西尝试不是坏事，前提是你能走好每一小步之后，再进行新的探索和尝试。

一、明确目的

现在班长要带同学们来做一次大复习，带同学们来做减法，来一次化繁为简。

那么，第一章我们讲了什么呢？你自己通过学习、复习后概括的第一章是学了什么呢？我们第一章事实上是给同学们指出了方向——达成目标的途径。

我们学习的最终目的是为了达成翻番这个目标。所谓知己知彼方能百战百胜。为了这个目标我们找到了达成目标的途径，即先要从观察牛股、认识牛股、了解牛股开始。认识了牛股，就不会把熊股当成牛股，方向对了自然对了一半。

二、问题的根源

班长直接跟同学们说几只次新股，然后告诉同学们怎样怎样操作，你就都能操作好了吗？就像全通教育，给你了，甚至跟你说了回调仍然是买点，但是你仍然不敢买。你犹豫，犹豫的是什么？你不果敢，为什么不果敢？你贪心举棋不定，又是为何？

就像第二章中说的："烤全狼会有的，但是烤全狼只会摆到你面前而不会自己跳到你嘴里！"机会是留给有准备的人。当机会来时你是否通过学习掌握到了驯服它的要领，否则你还是不会认识它，那机会只会在你眼前白白流走，或者你只是认识却无力捕获猎杀它，所以只能眼睁睁看它走掉却无能为力。

三、确立方向

虽然都是次新股，但表现不一，有些股还是磨磨蹭蹭的，甚至还不如老股。并不是所有次新股都是大涨的，如何避免磨磨蹭蹭的股？如何做到我买的次新股骑上去就极有可能狂奔飞涨？

并不是所有次新股都会大涨，不然闭上眼随便买个睡觉就好了，也就不需要学习了。但是，如何做到我买的次新股骑上去就极大可能狂奔飞涨呢？如何做到我买的不涨，也不至于被套呢？

那就永远不要在你意识里认为新高的就有无穷动力去上涨，只需要记住新高的压力相对轻，更容易上涨罢了。但是并未收复丢失的阵地，在没有收复丢失的阵地以前，你要做的不是觉得它能收复，也不需要你认为它收复不了，只需要管好你自己。如何管好自己？收复了，意味着重新打开新的进攻局面；收复不了，意味着只是反抽，既然是反抽，你看看不就行了？

操作，不需要你杀出一个方向，也不需要你领头带个方向，你只需要跟在多头的旗帜之下，它杀出一个方向了，你跟上就足够你赚钱了。

四、围绕买点了解和认识

无论是在第二章第一节我们所学的买点，还是后面筛选后的操作优选买点，都是保证我们方向上的正确，保证趋势上的方向正确，保证买点上的方向正确，而不是一个必定获利的标准，必定获利的标准或者说必然不败的标准来自于操作，而决定操作必然不败的是方向。

跌势穷尽后变涨，缓慢上涨疏通阻力后飞黄腾达，拉升久了涨势穷尽，穷尽之后开始跌。这就是穷则变、变则通、通则达、达则久、久则穷、穷则尽、尽则变。说这些有什么用，又不能指导具体的买卖点？

就像给你一辆车，告诉你怎么开，不给你指出方向你能开到翻番那座山吗？当这些给你指导出行车节奏了，再告诉你那座山的方向，你就能事半功倍的达到。

很多同学在这里迷失了，主要是不清楚了解这么多信号，这么多买点有什么用，究其原因是没有掌握住前提条件，没有厘清买点和操作之间的相互关系。

事实上，对于买点也好，对于卖点也罢，包括对于之前说的可能遇到的阻力，不论我们再能预料，也不论我们预料的多么神准，我们应该随时做好出现与我们预期相反的走势时，该怎么操作。这需要我们养成一种意识，就像下跌一旦出现下破，你应该放弃一切主观想法，让你风险意识的能力发挥起来。

也如上涨，虽然你不认为会突破，可一旦突破，完全达标符合你的优选买点时，你可以找一千万个理由来不操作，但你操作只需要一个理由——符合买点就买进。

同样，你也可以有一万个怕的理由，但你只有一个跌破止损线止损就足以应对。这就是兵来将挡，水来土掩。

五、认识买点后优选买点

方向正确，稍微用点儿技术操作获利就不难；方向不对，再努力操作也很难获利。

确立的走势，不需要再繁琐地从看一眼到关注再到注意买点的层层递进，直接变成了关注是否新高、是否收复失地。关注到收复失地了，就直接进入注意机会。

不是每段成长你都要陪伴，你的目标不是陪伴，是采摘。这才是你应该谨记的。

六、厘定走势的发展与递进，为优选的操作打基础做铺垫

让走势自己厘定走势，你就会让走势做回老大，你就会跟在走势后面，因为你实在找不到不跟着走势的原由。而那些忘记了来市场是要赚钱的，迷失在了那种猜对走势时的存在感上的操作者，你已和它们分道扬镳了。

七、止损，从根源上减少止损，或者说，让止损止得更有价值和意义

优选操作从根本上降低了止损率，提高了获胜率，扩大了获利率，而优选操作的最根本是降低了低效的止损，而从止损引发了一系列良性连锁反应。

讲的是止损，关键说的是要从根本上避免止损少发生，还是要从优选品种做起。而你也应该因此更加清晰知道,未来你的操作方向是什么，你的操作目标是什么。

就像书中我们讲到，有的操作者在纠缠不清的阻力区反复杀进杀出、止损止盈时，人家同样在止损，但因为优选操作的出发起点高，已经在钓大鱼了。

止损是操作中不可避免的一环，再高的准确率也存在止损的可能。

既然存在止损，我们假设涨势里的止损率和跌势里买进的止损率是一样的，那么优选方向，优选买点，优选操作，我们同样的止损，却换来不一样的结果，所以这里的止损你还怕什么？

八、专一舍就是得

看一只股的走势，做一次操作，听一次课，就像读一本书。一本书给你，你怎么读？如果你毫无目的，几千只股票，一年上万小时的交易时间就像几千本、上万本的书，你读哪一本？

读次新股没错，但它内容是讲下跌的故事，所以你还要没日没夜地捧读下去吗？做有用功，做只上涨趋势的，买只买优选买点的。还在继续下跌的，还在纠缠不清的，看一下，然后一笑而过就好了。

当然，刚开头讲到的也是专一，也是有舍有得。操作，你有舍有得，学习也是，你什么都想学，你就什么也无法学好、学透。

九、止盈和备战股池

你基础差、知识少、悟性不好，但班长要你做的不是运用新知识，更没有让你悟其他的，要的只是你把班长讲出来的、摆在那儿的列出来。比如，班长说的股池怎么建，说的清清楚楚，你还不会建吗？

要想操作的更顺风顺水，要想操作起来更简单，要想操作起来没有那么多纠缠，就避开那些纠缠不清的。你避开了无谓的纠缠，提高了操作效率，增强了操作胜率，你最终的操作质量要远远胜于那些什么都想兼顾的同学。虽然做精一只股是很不错的选择，但是一只狼你若抱着把它吃的干干净净的工夫，还不如你最好的选择是多吃几只狼身呢？

十、厘定操作点

卖点为何而卖？让自己买进的明明白白，卖出的清清楚楚。

为什么持股？持股是因为什么？为什么买进？买进是因为什么？为什么卖出？卖出是因为什么？

如果你还不会检查自己的操作，复习第十章，你会找到这些答案。

十一、得失

操作是为了利润，但又不仅仅是保住利润，还要谋求发展、谋求扩大利润；你厘定了相互交措的关系，只有找到兼顾保护利润和扩大利润的平衡点，你才能在看似错综复杂的走势里，游刃有余的选择，你才能在得失之间不乱寸心。

以上十一点是从每一章节中摘的一些知识点、一些概括。当然，最紧要的是同学们根据自己情况去摘要、去概括、去总结。接下来我们以本书例股当中的明星股全通教育做个操作流程示范。

甚至到现在还有同学问班长，怎么知道全通教育这股要大涨的，从问题看出问题，问这样的问题说明提问者依然是逻辑认识有问题。

班长不可能知道，但是它新高、它符合优选买点我们是知道的，且在后来的走势里没有理由不持股，你按照程序自然而然操作了，错的止损砍掉，让利润自己奔跑，你当然也可以得到这样一个结果。班长还是带同学们先从头捋这股吧。

我们知道，再厉害的股也是从走势开始的。就像跑再快的人，也是从爬开始的，所以再牛的股，就算是直升机也得有个平台供它起飞，只有走势上做好起飞平台了才更可能起飞。当然，走势上搭好平台了更容易起飞而不是一定起飞，没有搭起飞平台的也可能起飞，但是走势上搭好平台的起飞是大概率。这也是为什么我们优选的是走势，而不是基本面的原因。基本面再好，它还在冬天，还在跌势，就像一个正在下坡的人，你怎么让它爬到山顶。首先是先停住下坡，其次才是转为爬坡。那么，我们看一只股先看什么？

先看什么当然取决于我们想干嘛，你想获利、你想买了涨，那么当然先看它能不能上涨，或者先看它是不是还在跌势里，不是跌势了才可以看看。在跌势了，那么再好的基本面，再好的题材也没有用。“再好的题材也没有用”不是说题材完全没有用，是当下，是此时此刻没有用，是没有走势基础的基本面对于当下的操作没有用。

那么，作为操作者，当你要操作时，要先怎样？先看看自己要操作的股符合不符合？符合的是符合哪个买点？符合你的特定买点了，特定买点的买法是什么？后续操作计划是怎样的？

当这些你都厘清了，那么你就开始操作。相信你也不会再出现不知道怎么操作的情况了，因为操作不过是执行这些计划而已。

当然，牛股之所以是牛股，不是生来就牛的，它也有熊的时候、跌跌不休的时候。关键不是谁都有遇到压力的时候，是谁走过了压力，你买进的是正在经历压力的，还是走过压力的。

当你有了这认识，那么当你选定一个买的，你就要做这些评比，等你评比完了，你对自己的操作也有了大致的评估。比如，1 区、2 区的突破是买点的一种，但是我们知道它在压力山下，而且是 A 区、B 区、C 区的山连山的压力山。那么，要牛起来得先越过压力，越过山连山的压力。所以，是买点，但是你不会买，为什么不会买你知道了。

止跌信号，只是一个信号；有可能遇阻的信号，也只是一个信号，做好遇阻的应对准备就好了。再比如，A 区整理后跌破密集均线出现一小波杀跌，B 区的忽然崛起是止跌信号，你把它当信号就不会盲目的追涨，没有盲目的追涨，也就不会有后面的再止损。

其实，无论是止跌信号，还是买点到优选买点，这都是在强化一种意识，即方向意识、止损意识、买入意识、持股意识、保护利润意识、扩大利润意识。

当 1 区、2 区、3 区或 C 区、B 区时你的意识是什么？

当 4 区出现、刷出新高时，你要有什么样的意识？

哪个区只是看看，不是买点？

哪个区是买点，但不是优选买点？

哪个区是没有压力一身轻，涨起来更轻松？

在甄选上的识别机会大小的意识有了。

（1）止损意识。

对于有止损意识的操作者来说不会有深套一词，原因在书中讲到了，因为操作者意识里知道，控制损失，斩断的是一点儿损失，获得的是把握下一波主升的自由权。当操作者知道为什么要止损，知道止损失去的是什么、得到的是什么，那么需要止损时就很容易做到手起刀落，而只有不知道在干什么的才会犹犹豫豫。

（2）买入意识、持股意识。

前面我们讲到了，在一轮上涨中，只有一次是扭转上涨的下跌，其余都是回调，顺势而为的买入意识就应该牢固树立，并且有应对万一下跌的操作来强化买入意识和持股意识。

我们来看全通教育（附图）从 2014 年 5 月 27 日到 6 月 27 日，一个月的时间翻了一倍，中间跌破过几次 5 日线，几次 10 日线？

当然，一个月翻番的，不算快，但也不算慢。班长以此为例是作为干净利索的典型例股来讲，同学们别把目标放得太高，一波主升哪怕你

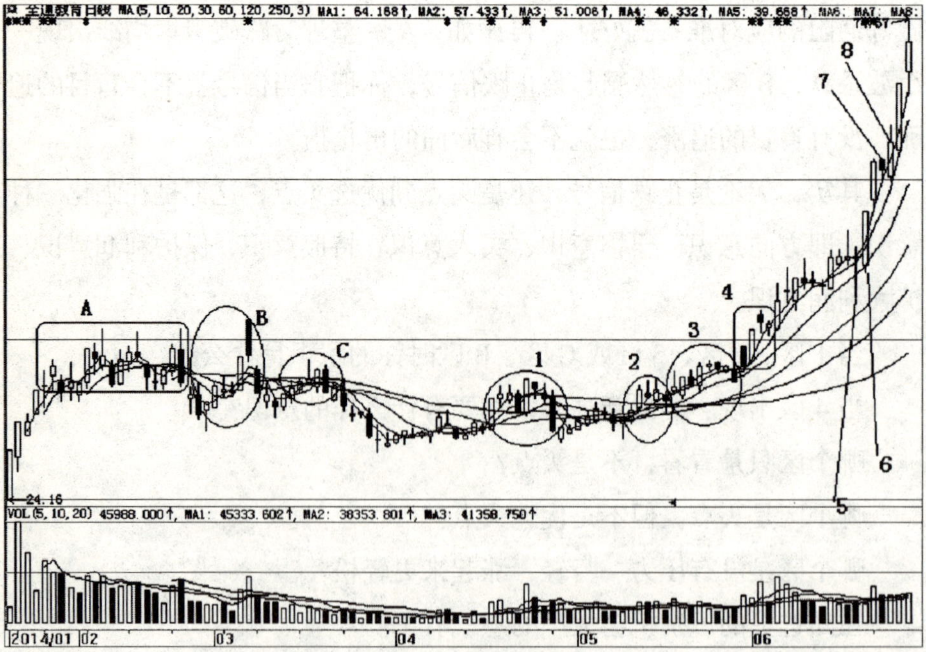

附图 全通教育

只抓到十几、二十几个点，做个三五次就翻番了。

（3）保护利润意识、扩大利润意识。

打江山容易,守江山难,在守江山的基础上扩大江山,更是难上加难。

如何守住利润，应该根深蒂固地植入你的思维当中。进攻、买进都是为了获利，获利了如何保护利润更是重中之重，否则你前面的所有努力都将成为泡影。

就像全通教育，你有的话，账面的利润如何能保住，这是在你意识里要有的，不能涨一天你笑四个小时，跌时才惊慌失措地问怎么办那就晚了。

至于如何卖，如何取舍，不用班长再重复了，就那么点儿知识，你看一看，对着自己的股，结合自己的想法，几分钟就有答案了。

当然，什么都有个从陌生到熟悉的过程，刚开始你要一步一步看，一点一点取舍，一段一段结合。但是你别急，你这么细致地交易几回，很快就能娴熟了。

（4）扩大利润的意识。

打仗被包围时常常有突围这个字眼，同学们要扩大利润的意识就有两个层面：一是在持股本身。不要只侧重锁定利润，还要兼顾持股，承受波动范围；二是操作者层面的。你要想改变你的操作现状，让你的操作利润水平线提高一个层次，就要集中你的兵力到一个地方去突围。

在去罗马的大道上，你见个草都要追溯到物种起源，恐怕你永远也达到不了目的地。过分的执着有必要吗？放弃一段利润，屏蔽掉一些诱惑，让自己的学习更集中、操作更简化，你会发现原来炒股没那么复杂。

最后讲一下，翻番股是全通教育吗？全通教育是翻番了，但是班长前面说的最多的是什么？是翻番股在例股当中，但你现在应该知道，翻番股不仅在你手中，更多、更大的在你眼中，更在你心中。

所以，你忘记全通教育，你忘记班长说过的任何股，你只有记住通过这些例股讲到的方法，你才能抓到更多、更大的股，你才能打开你心中翻番的大门，走进翻番的大本营。

最后留给同学们两个作业：

一还是复习。同学们从每一章节挑出来了关键点之后，再复习一遍，每一章节复习过后，再用自己的话去概括总结其内容，最好有个全部的总结概括，要发给班长随时欢迎。班长博客地址：http://blog.sina.com.cn/u/1514551012，或百度搜索“短线王国博客”，或微博搜索“短线王国”，或加班长 QQ857985995，或微信搜索“短线王国”。

二是建立好自己的备战股池和操作股池，并细致到操作计划。做好的可以发给班长，班长会看到后及时回复。同学们看完不要觉得自己立马能翻番了，所以不要急着去操作，更不要急着去追涨，尤其是连什么是优选买点，什么是止损都不清楚的同学更是如此。

后　记

从聪明到智慧，找到平衡点

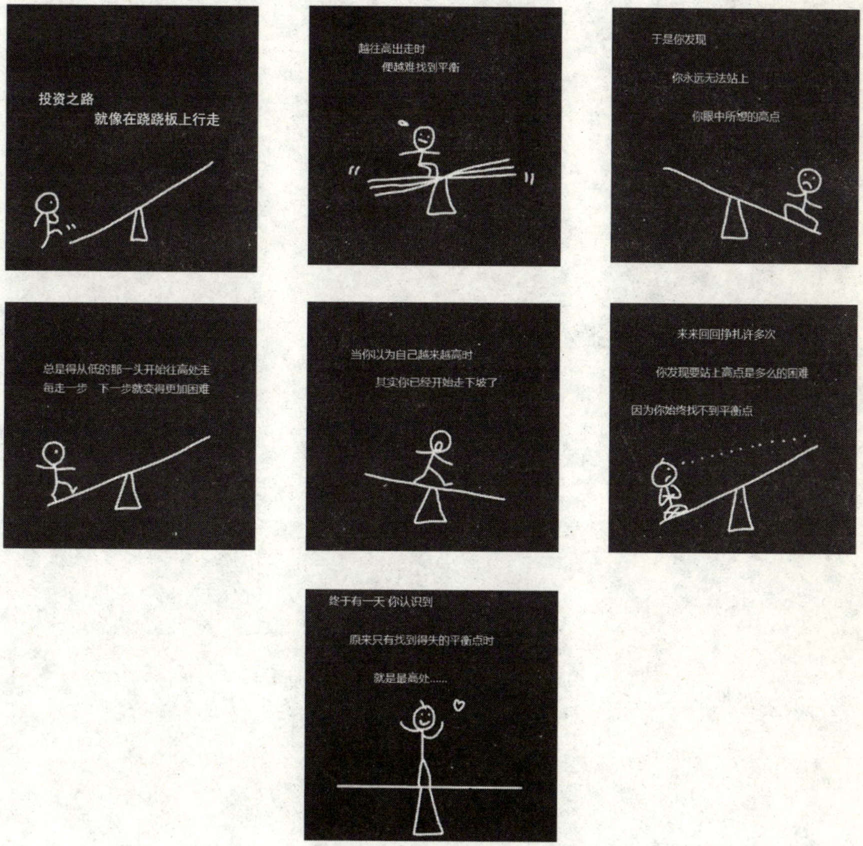

或许，路途并不遥远，只是，路边的诱惑太多；也或许，不是诱惑太多，而是不知取舍；明心见性，不忘初心，才能找到那个真正强大的“操盘手”。